课本里的作家

爱阅读
学生精读版
★★★★★

课本里的作家

我从山中来

钱万成/著

小学语文同步阅读
六年级
彩插精读版

山东教育出版社
·济南·

图书在版编目（CIP）数据

我从山中来 / 钱万成著 . — 济南 : 山东教育出版社，2025. 4. —（爱阅读 · 课本里的作家）. —ISBN 978-7-5701-3576-9

Ⅰ. G634.333

中国国家版本馆 CIP 数据核字第 2025PK4484 号

WO CONG SHAN ZHONG LAI

我从山中来

钱万成　著

主管单位：山东出版传媒股份有限公司
出版发行：山东教育出版社
地址：济南市市中区二环南路 2066 号 4 区 1 号　邮编：250003
电话：（0531）82092600　网址：www.sjs.com.cn
印　　刷：肥城新华印刷有限公司
版　　次：2025 年 4 月第 1 版
印　　次：2025 年 4 月第 1 次印刷
开　　本：700 mm × 1000 mm　1/16
印　　张：12
字　　数：145 千
定　　价：35.80 元

地面上的草芽儿如一只只嫩黄的耳朵，听到我们的脚步并不惊慌，那情态真像是被淙淙的水声给陶醉了呢。山里的鸟儿也好像一下子都聚到这里来了，飞啊，唱啊，快乐不已，见了我们似乎显得十分的亲热呢。

鼓起你的勇气

在海拔一千八百多米的高处，在只有些微尘土的石壁上，它们顽强地生存着，尽管形体已被扭曲，但生存欲望仍然旺盛。它们以弱小的躯体与自然进行着抗争，与命运进行着抗争。

这座名刹位于香山脚下，背西朝东，六进院落，殿阁依山，楼台就势，盘盘囷囷，其规模之崇闳，大概不下于杜牧笔下的阿房宫。

我和柱儿总是猫在哑巴的身后，待鸟儿到筛下争食，哑巴便一用力，棒倒筛扣，于是就有许多鸟儿被扣住了。

小小书迷

小小书迷紧牵着爸爸的手。一家，又一家。

——爸爸，《超人》！

整个屋子都被小小书迷的惊喜惊呆了。一道道异样的目光如水，从爸爸的头上一直流到独生子的脚下。

山大花园的寂寞

在他的老家，那个三省交界的地方，院子里是一米多深的雪，草房里他的爷爷坐在火炕上，炕上放一张小饭桌，桌边有一个炭火盆，火盆里烫着一壶酒。爷爷喝得满头大汗，喊：“宝贝，来，陪爷爷聊会儿天。”

总序

北京书香文雅图书文化有限公司的李继勇先生与我联系，说他们策划了一套《爱阅读·课本里的作家》丛书，读者对象主要是中小学生，可以作为学生的课外阅读用书，希望我写篇序。作为一名语文教育工作者，在中共中央办公厅、国务院办公厅印发《关于进一步减轻义务教育阶段学生作业负担和校外培训负担的意见》（以下简称“双减”）的大背景下，为学生推荐这套优秀课外读物责无旁贷，也更有意义。

一、“双减”政策以后怎么办?

“双减”政策对义务教育阶段学生的作业和校外培训作出严格规定。我认为这是一件好事。曾几何时，我们的中小学生作业负担重，不少学生不是在各种各样的培训班里，就是在去培训班的路上。学生“学”无宁日，备尝艰辛；家长们焦虑不安，苦不堪言。校外培训机构为了增强吸引力，到处挖掘优秀教师资源，有些老师受利益驱使，不能安心从教。他们的行为破坏了教育生态，违背了教育规律，严重影响了我国教育改革发展。教育是什么?教育是唤醒，是点燃，是激发。而校外培训的噱头仅仅是提高考试成绩，让学生在中高考中占得先机。他们的广告词是“提高一分，干掉千人”，大肆渲染“分数为王”，在这种压力之下，学生面对的是“分萧萧兮题海寒”，不得不深陷题海，机械刷题。假如只有一部分学生上培训班，提高的可能是分数。但是，如果大多数学生或者所有学生都去上培训班，那提高的就不是分数，而只是分数线。教育的根本任务是立德树人，是培根铸魂，是启智增慧，是让学生的德智体美劳全面发展，是培养社会主义建设者和接班人，是为中华民族伟大复兴提供人才，而不是培养只会考试的“机器”，更不能被资本所“绑架”。所以中央才“出重拳”“放实招”，目的就是要减轻学生过重的课业负担，减轻家长过重的经济和精神负担。

“双减”政策出台后，学生们一片欢呼，再也不用在各种培训班之间来回奔波了，但家长产生了新的焦虑：孩子的学习成绩怎么办？而对学校老师来说，这是一个新挑战、新任务，当然也是新机遇。学生在校时间增加，要求老师提升教学水平，科学合理地布置作业，同时开展课外延伸服务，事实上是老师陪伴学生的时间增加了。这部分在校时间怎么安排？如何让学生利用好课外时间？这一切都考验着老师们的智慧。而开展各种课外活动正好可以解决这个难题，比如：热爱人文的学生，可以开展阅读写作、演讲辩论，学习中华优秀传统文化和民风民俗等社团活动；喜爱数理的学生，可以组织科普科幻、实验研究、统计测量、天文观测等兴趣小组；也可以开展体育比赛、艺术（音乐、美术、书法、戏剧……）体验和劳动教育等实践活动。当然，所有的活动都应以培养学生的兴趣爱好为目的，以自愿参加为前提。学校开展课后服务，可以多方面拓展资源，比如博物馆、图书馆、科技馆、陈列馆、少年宫、青少年活动中心，甚至校外培训机构的优质服务资源，还可组织征文比赛、志愿服务、社会调查等，助力学生全面发展。

二、课外阅读新机遇

近年来，新课标、新教材、新高考成为语文教育改革的热词。我曾经看到一个视频，说语文在中高考中的地位提高了，难度也加大了。这种说法有一定道理，但并不准确。说它有一定道理，是因为语文能力主要指一个人的阅读和写作能力，而阅读和写作能力又是一个人综合素养的体现。语文能力强，有助于学习别的学科。比如数学、物理中的应用题，如果阅读能力上不去，读不懂题干，便不能准确把握解题要领，也就没法准确答题；英语中的英译汉、汉译英题更是考查学生的语言表达能力；历史题和政治题往往是给一段材料，让学生去分析、判断，得出结论，并表述自己的观点或看法。从这点来说，语文在中高考中的地位提高有一定道理。说它不准确，有两个方面的理由：一是语文学科本来就重要，不是现在才变得重要，之所以产生这种错觉，是因为在应试教育的背景下，语文的重要性被弱化了；二是语文考试的难度并没有增加，增加的只是阅读思维的宽度和广度，考查的是阅读理解、信息筛选、应用写作、语言表达、批判性思维、辩证思维等关键能力。可以说，真正的素质教育必须重视语文，因为语文是工具，是基础。不少家长和教师认为课外阅读浪费学习时间，这主要是教育观念问题。他们之所以有这种想法，无非是认为考试才是最终目的，希望孩子可以把更多的时间用在“刷题”上。他们只看到课标和教材的变化，以为考试还是过去那一套，其实，考试评价已发生深刻变革。目前，考试评价改革与新课标、新教材改革是同向同行的，都是围绕立德树人做文章。中共中央、国务院印发的《深化新时代教育评价改革总体方案》明确指出：“稳步推进中高考改革，构建引导学生德智体美劳全面发展的考试内容体系，改变相对固化的试题形式，增强试题开放性，减少死记硬背和‘机械刷题’现象。”显然就是要用中高考“指挥棒”引领素质教育。新高考招生录取强调“两依据，一参考”，即以高考成绩和高中学业水平考试成绩为依据，以综合素质评价为参考。这也就是说，高考成绩不再是高校选拔新生的唯一标准，不只看谁考的分数高，而是看谁更有发展潜力、更有创造性，综合素质更高，从而实现由“招分”向“招人”的转变。而这绝不是仅凭一张高考试卷就能够区分出来的，“机械刷题”无助于全面发展，必须在课内学习的基础上，辅之以内容广泛的课外阅读，才能全面提高综合素养。

三、“爱阅读”助力成长

这套《爱阅读·课本里的作家》丛书是为中小学生读者量身打造的，符合《义务教育语文课程标准》倡导的“好读书、读好书、读整本的书”的课改理念，可以作为学生课内学习的有益补充。我一向认为，要学好语文，一要读好三本书，二要写好两篇文，三要养成四个好习惯。三本书指“有字之书”“无字之书”“心灵之书”，两篇文指“规矩文”“放胆文”，四个好习惯指享受阅读的习惯、善于思考的习惯、乐于表达的习惯和自主学习的习惯。古人说“读万卷书，行万里路”，实际上就是要处理好读书与实践的关系。对于中小学生来说，读书首先是读好“有字之书”。“有字之书”，有课本，有课外自读课本，还有“爱阅读”这样的课外读物。读书时我们不能眉毛胡子一把抓，要区分不同的书，采取不同的读法。一般说来，读法有精读，有略读。精读需要字斟句酌，需要咬文嚼字，但费时费力。当然也不是所有的书都需要精读，可以根据自己的需要决定精读还是略读。新课标提倡中小学生进行整本书阅读，但是学生往往不能耐着性子读完一整本书。新课标提倡的整本书阅读，主要是针对过去的单篇教学来说的，并不是说每本书都要从头读到尾。

教材设计的练习项目也是有弹性的、可选择的，不可能有统一的“阅读计划”。我的建议是，整本书阅读应把精读、略读与浏览结合起来，精读重在示范，略读重在博览，浏览略观大意即可，三者相辅相成，不宜偏于一隅。不仅如此，学生还可以把阅读与写作、读书与实践、课内与课外结合起来。整本书阅读重在掌握阅读方法，拓展阅读视野，培养读书兴趣，养成阅读习惯。

再说写好两篇文。学生读得多了，素养提高了，自然有话想说，有自己的观点和看法要发表。发表的形式可以是口头的，也可以是书面的，书面表达就是写作。写好两篇文，一篇规矩文，一篇放胆文。规矩文重打基础，放胆文更见才气。规矩文要求练好写作基本功，包括审题、立意、选材、构思等，同时还要掌握记叙文、议论文、说明文、应用文的基本要领和写作规范。规矩文的写作要在教师的指导下进行。放胆文则鼓励学生放飞自我、大胆想象，各呈创意、各展所长，尤其是展现自己的写作能力、语言表达能力、批判性思维能力和辩证思维能力。放胆文的写作可以多种多样，除了写大作文，也可以写小作文。有兴趣的学生还可以进行文学创作，写诗歌、小说、散文、剧本等。

学习语文还要养成四个好习惯。第一，享受阅读的习惯。爱阅读非常重要，每个同学都应该有自己的个性化书单。有的同学喜欢网络小说也没有关系，但需要防止沉迷其中，钻进“死胡同”。这套《爱阅读·课本里的作家》丛书，给中小学生课外阅读提供了大量古今中外的名家名作。第二，善于思考的习惯。在这个大众创业、万众创新的时代，创新人才的标准，已不再是把已有的知识烂熟于心，而是能够独立思考，敢于质疑，能够自己去发现问题、提出问题和解决问题，需要具有探究质疑能力、独立思考能力、批判性思维和辩证思维能力。第三，乐于表达的习惯。表达的乐趣在于说或写的过程，这个过程比说得好、写得完美更重要。写作形式可以不拘一格，比如作文、日记、笔记、随笔、漫画等。第四，自主学习的习惯。我的地盘我做主，我的语文我做主。不是为老师学，也不是为父母长辈学，而是为自己的精神成长学，为自己的未来学。

愿广大中小学生能借助这套《爱阅读·课本里的作家》丛书，真正爱上阅读，插上想象的翅膀，飞向未来的广阔天地！

顾之川

目录

我爱读课文

作家经典作品

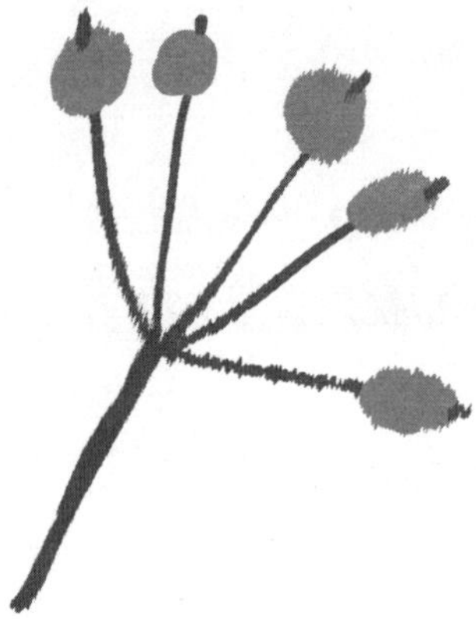

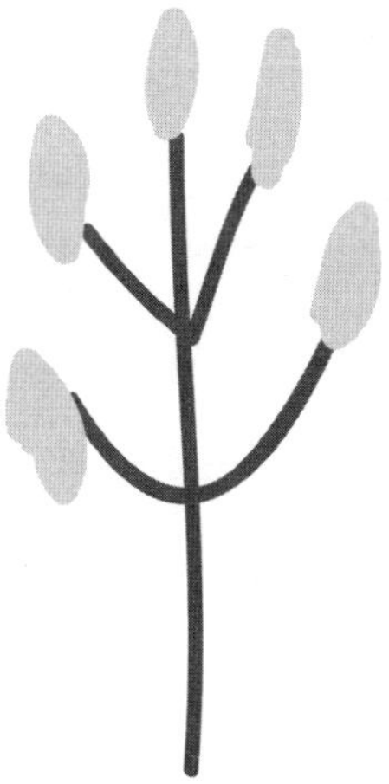

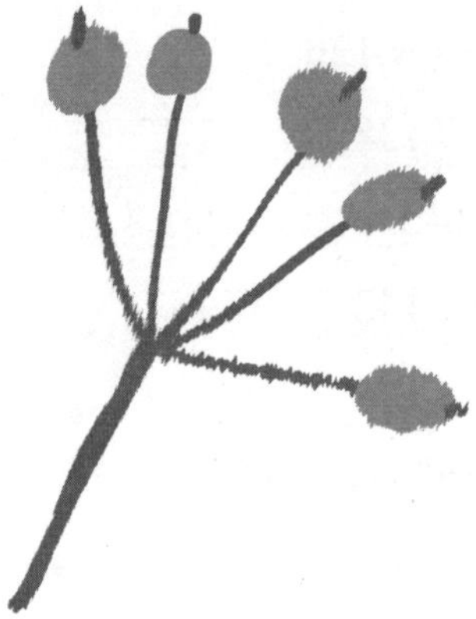

我爱读课文

原文赏读

留住童年

▶名著导读课堂
▶作家故事影像
▶阅读技巧点拨
▶漫游世界名著
扫码获取

体裁： 童诗

作者： 钱万成

创作时间： 当代

作品出处： 沪教版语文六年级（上册）

内容简介：《留住童年》是写给即将告别童年的孩子们的诗歌，作品前半部分生动形象地写出了童年的珍贵美好，表达了作者对童年的留恋之情；后半部分告诉孩子们，童年的美好是我们的底气，保持勇敢和乐观，不畏困难，就一定能走出困境。留住童年的无忧无虑与美好，是大家的心愿。

读前导航

阅读准备

钱万成先生的作品读起来让人感到温暖又轻松，文字真挚细腻。他善于捕捉细节，从生活中寻找写作灵感。

本书收录的作品大多是散文，钱万成散文风格大多深情、深刻，但也有戏谑、朴实的小品文；书中还有一部分诗歌，诗中描写了青春的回忆、遥远的歌谣和美丽的乡村；还有一部分是游记。读过这些作品，你会发现，钱万成先生的博学多才来自日久天长的积累，他时刻在努力学习。对读者来说，钱万成先生是一位诗人，深情却又通透；他是一位儿童作家，朴实却又深刻；他也是一位学者，博观而智慧。他的作品中蕴含了很多的知识和深刻的含义，深受读者喜爱。

目标我知道

学习目标	了解有关钱万成先生的作品风格 学习表达美好情感的写作方法，培养表达和写作的能力
学习重点	识记重点词语，品读经典语句 学会通过语言来表现温暖的主题
学习难点	逐句分析诗歌，学习借喻的写作方法，学会用意象表达情感 学习如何在诗歌中加入自己的感受
情感培养	品味诗歌语句，感受童年的美好，体会作者对童年的留恋之情

精彩赏读

课本原文

留住童年

摘下这片树叶
珍藏起一个不老的春天[1]
诗会从此常绿
直到永远永远

[1]“珍藏起一个不老的春天”是用了借喻的写作手法，因为春天是四季的开端，象征童心永存，所以“春天”会不老，而且能被“珍藏”。

【段解：将“树叶”比喻为童年往事，将“春天”比喻为生命，将美好而珍贵的童年具象化，留在每个人的记忆中。】

【遗憾】遗恨。

【缤纷】繁多而错杂。

童年没有遗憾
失落的往事是缤纷的花瓣
风中飘来风中飘去
芳香在生命中弥漫

【段解：将“失落的往事”比喻为“缤纷的花瓣”，说明回忆的美好。童年的往事会温暖着每个人的一生。】

【脚板】脚掌。

挡在前面的是山
踏在脚下的也是山
迷路的只是眼睛
清醒的总是脚板

【段解：将“山”比作困难，登上山顶看似遥远艰难，但只要脚踏实地、一步一个脚印，一定可以到达顶峰。我们要在成长过程中勇敢地迎接生活的挑战和困难。】

【果敢】勇敢并有决断。

【乘风破浪】比喻不畏艰险勇往直前。

留住童年
留住一份勇气和果敢
如果前面是一片海
那就做一条乘风破浪的船

【段解：将“海”比作前行的困难、成长过程中遇到的险境，将“船”比作克服困难、越过险境的勇气。在成长的路上保持勇敢和乐观，一定能收获幸福。】

作品赏析

《留住童年》这首诗歌篇幅虽短，语言简练，但生动有趣。在这首诗歌中，运用了大量的比喻，展现出作者丰富的想象力，比如将“失落的往事”比作“缤纷的花瓣”，将“海”比作“前行的困难”，将“船”比作“克服困难、越过险境的勇气”，等等，表达了作者对童年的留恋之情。童年是美好的，应该珍藏在心里。年少的孩子们，带着“勇气和果敢”成长，乘上“一条乘风破浪的船”，驶向理想的彼岸。

积累与表达

字词我来记

会写的字

cáng	部首	笔画	结构	造字	组词
藏	艹	17	上下	形声	躲藏　储藏
	辨字	蕨（蕨菜　蕨萁）			
字义	1. 躲藏；隐藏。2. 收存；储藏。				
造句	我们正在玩捉迷藏。				

hàn	部首	笔画	结构	造字	组词
憾	忄	16	左右	形声	遗憾　引以为憾
	辨字	撼（撼动　震撼）			
字义	失望；不满足。				
造句	我们对刚才发生的事感到遗憾。				

bàn	部首	笔画	结构	造字	组词
瓣	辛	19	左中右	形声	花瓣
	辨字	辫（辫子　发辫　）			
字义	1. 花瓣。2. 植物的种子、果实或球茎可以分开的小块儿。				
造句	这些花瓣很漂亮。				

piāo	部首	笔画	结构	造字	组词
飘	风	15	左右	形声	飘动　飘扬
	辨字	漂（漂亮　漂动）			
字义	随风摇动或飞扬。				
造句	这面旗子随风飘动。				

xǐng	部首	笔画	结构	造字	组词
醒	酉	16	左右	形声	醒来　苏醒
	辨字	配（配合　配药）			
字义	睡眠状态结束，大脑皮层恢复兴奋状态。				
造句	我一觉醒来天已经黑了。				

近义词

珍藏—收藏　　勇气—勇敢　　果敢—果断　　遗憾—缺憾

反义词

失落—开心　　永远—暂时　　乘风破浪—裹足不前

日积月累

出塞二首

［唐］　王昌龄

其一

秦时明月汉时关，万里长征人未还。

但使龙城飞将在，不教胡马度阴山。

其二

骝马新跨白玉鞍，战罢沙场月色寒。

城头铁鼓声犹震，匣里金刀血未干。

《出塞》是乐府旧题，是王昌龄早年赴西域时所作。王昌龄生在盛唐，这一时期，唐在对外战争中屡屡取胜，全民族的自信心极强，故边塞诗人的作品中，多能体现一种慷慨激昂的向上精神和克敌制胜的强烈自信。但是频繁的边塞战争，也使人民不堪重负，渴望和平，《出塞》正是反映了人民的这种愿望。

读后感想

读《留住童年》有感

读完了钱万成先生写的《留住童年》，我的情绪久久难以平静。钱万成先生温暖细腻的文笔，还有在他笔下快乐的童年时光让我感动。

《留住童年》这篇文章是童诗，语言优美又通俗易懂，文字充满想象力，字里行间透露出了童年时光的温馨和无忧无虑。在这首诗中，多次出现了比喻，比如把“童年”比作“春天”——春天是一年四季的开端，而童年是人生的美好开端，童心永存，生命之树就永远常绿；把“失落的往事”比作“缤纷的花瓣”，写出了童年往事零碎的特点，成长伴随着收获和甜蜜，也伴随着失落和苦涩，失落的往事会随风飘走，但童年的美好会一直伴随着并温暖着我们的一生，让生命弥漫芬芳；把“海”比作“困难”，“船”比作“克服困难、越过险境的勇气”——前进的路上充满了坎坷，要保持勇敢和乐观，才能走好人生之路……

《留住童年》中，诗人以形象的语言写出少年们永远珍藏着“一个不老的春天”。童年“没有遗憾”，少年们只要手握勇气和果敢，就能乘上“一条乘风破浪的船”，驶向理想的彼岸。这首诗通过形象的比喻，表达了作者对童年的留恋、对未来的期盼。

留住童年，是诗人想挽住如水的光阴，是诗人想珍藏如花的岁月，也是诗人的一种美好却不能实现的心愿。留住童年，这是诗人的成长体会，回望了自己难以忘却的美好的童年，更是他给众多少年的赠言。

精彩语句

1. 留住童年，是诗人想挽住如水的光阴，是诗人想珍藏如花的岁月，也是诗人的一种美好却不能实现的心愿。

这句话表达了诗人对童年美好时光的留恋之情，虽然时光一去不复返，我们并不能留住童年，但是拥有纯真的心灵，就可以永葆童心。

2.《留住童年》中，诗人以形象的语言写出少年们永远珍藏着“一个不老的春天”。童年“没有遗憾”，少年们只要手握勇气和果敢，就能乘上“一条乘风破浪的船”，驶向理想的彼岸。

这句话写出了少年身上不畏艰难，勇敢果断的优秀品质，表达了钱万成先生对少年们光明未来的期盼，少年应该有坚持不懈、敢于乘风破浪的精神。

妙笔生花

读过《留住童年》，写一写你童年时发生的趣事吧。

知识乐园

一、基础知识

1. 依据拼音写出正确的词语。

bīn fēn　　zhēn cáng　　yí hàn

(　　　)　(　　　)　(　　　)

mí màn　　huā bàn　　chéng fēng pò làng

(　　　)　(　　　)　(　　　　　)

2. 写出下列词语的近义词。

珍藏—(　　)　清醒—(　　)

弥漫—(　　)　勇气—(　　)

果敢—(　　)　迷路—(　　)

失落—(　　)　遗憾—(　　)

二、阅读原文，做一做

1.《留住童年》中为什么“春天”会不老，而且能被珍藏？

______

______

2.《留住童年》中为什么要写“缤纷的花瓣”？

______

______

3. 选择你喜欢的段落进行默写。

______

______

4. 诗人通过“乘风破浪的船”表达了怎样的情感？

______

作家经典作品

自主阅读

▶名著导读课堂
▶作家故事影像
▶阅读技巧点拨
▶漫游世界名著
扫码获取

少年读书记

族中我们这一支里，读书是绝无先例的。太祖肩担六子离开登州，远徙千里到这遥远的关东来，为的就是寻片富土。富土寻到了，根便扎下了，百年繁衍，根深叶茂，子孙当以数百计。可据谱书所志，读过书的，更确切地说读成了书的，却寥寥无几。我们这一支，则更为可怜，曾祖事农，祖父事商，到了父亲则与车马为伍，祖祖辈辈俱与文字无缘。好在社会变革，家亦颓败，父亲为我等生计才算离开了那曾使他的父辈们荣耀过的山沟，让他不孝的后人得了读书的缘分。

读书的缘分是有了，可这十几年书却读得十分艰难。先是搬迁前在沟里读耕小，先生是一个姓程的河北人，个子极小，棱头凹脸，无妻无室，听说是为了逃荒才流落到我们这沟里来的。那时沟里识字的人比世上的金子还少，他虽只有五年文化也成了“圣人”。耕小距我家极近，同街两院，算起来也不过三五丈远。初成班时，收的都是十一二岁的孩子，男多女少，且个个淘气，他们总是学先生的老呔（tǎi）[①] 口音，后来竟偷去老师的粉笔到大街上乱画，把先

① 指说话带外地口音。

生画成一个跛脚王八。先生气愤不过就卷了铺盖，后来大村里的长老们苦苦求情才算勉强留下。这一次该我幸运，只有六岁的我，因常常趴门听先生讲课，得了先生的青睐，所以在第二次成班时便被收为正式学生了。

可是不久，我们这条沟里唯一土生的“秀才”，那个在县城里读书的中学生回沟里来，说我们的先生是逃亡的地主，没有多久先生就跑了。先生跑了，学校便黄了，我们先是各回各家依旧去摔泥炮、掷砣子或是过家家。玩够了便想着法儿去捉弄人，比如爬进谁家的院子里去偷瓜果，或是把一条虫子扔到胆小女孩子的脖子里，把那些一向神气的“公主”们当猴耍。惹出祸来自然要受到惩罚，轻则一顿臭骂，重则屁股要挨巴掌。我比同班的孩子都小，这种乐趣自然是享受不到的，那时母亲患病，我每天都要在屋子里陪伴她。母亲是个极其聪颖的女人，她很后悔当初没跟舅父们学点文化。但她的故事却讲得十分精彩，我在第一次辍学的那段日子里，每天都听母亲的“瞎话”。

母亲去世以后，父亲把我们从龙江带回到他的老家——吉林梨树一个叫孤家子的地方，这里学校之大真是让我开了眼界，光老师就比我们耕小的学生还多。入学的那天，我几乎成了“动物园”里最受欢迎的“动物”，一进校门就被一大群孩子给围住了。老师把他们轰散的时候我才知道，他们是在看我头上那又土又怪的木梳背呢。这里的学校比沟里的学校正规得多，按点上课，按时放学，全校由一只我在沟里从未见过的电铃控制。看电铃的是一个老头儿，听说早些年当过国立完小①的校长，我以前在沟里也读了两年完小，可我们沟里的学校几乎以劳动为主，不是为学校开田，就是帮老师种地。老师对我们招之即来挥之即去，宛如山大王和一群喽啰。可惜我只在这所学校里读了半年书便不得不因家计而辍学放猪。十二岁的我把整个夏天都放牧在荒湾里，读怨天恨水的寂寞，读阴风淫雨的凄苦。不过，在当时我并未觉得日子怎样难过，可现在想来却不能不为自己惊讶。

上了中学，在学校里读书不似从前那么看得很重了，要为工农业生产服务，我记得我只上了不足两年的文化课便进了专业班去学做治病救人的赤脚医生了。

严格地说，我在学校里是不曾真正读过书的，我之所以能比同辈人多识得几个汉字，几乎全是从古典小说中得来的。初到孤家子时，有位长我几十岁的远房八哥待我甚好。八哥不是读书人，但八哥的父亲确乎坐过几年私塾的，他家里收藏了不少古书，诸如《大学》《中庸》《古文观止》《三国》《红楼》之类。皆为古版，枯纸线装，读来虽如啃骨，可今日想来确深得其益。不过当初并未想过将来要属文作赋，只是在没书的日子找本书看罢了。在当时，前几种书我是没能力看的，看文言如同天书。但后几种常听老人们念叨，书中的故事烂熟于耳，所以倒可以嚼一嚼。向八哥借书不是件容易的事儿，他虽不识字，却视那些故物如宝。他说“破四旧”时要不是八嫂子把它们藏到窖里，这些东西早就化之为灰了。但八哥对我

① 指同时具备初级小学和高级小学的学校。

总是例外，八哥说我和族中的其他孩子不一样，说我聪明，说我应该是一个读书人。我常在放猪时把书带到荒湾去看，这也是八哥的主意，他说这样免得别人看见。在荒湾里读书是不易的。猪虽然不吵，但它们总渴望着自由，你一不留神，便有神勇者窜到了崖上，偷吃地里的地瓜或玉米。那时虽没有分田到户，但公家的东西被牲畜糟蹋了也是情理难容的，所以就得格外小心。家畜用点心思留点神可以管住，但天是没人能管住的，刚入湾时还艳阳高照，转眼就大雨瓢泼。刚打开的书还没有来得及看上几眼，雨点就打湿了书页，雨大衣单，藏在怀里也无济于事。后来我就专门带一块塑料布，这样才可让书免遭雨淋。即使这样，书仍读不安生，因为读书就不能拾柴草，没有柴草就不能生火做饭。因此，读书忘了拾柴，回家还要挨骂。

古人云：“少年不知勤学早，老来岁月成蹉跎。”我想，这话还是对的。不知今日的年轻朋友们如何想？少时无书找书，青灯黄卷读得津津有味；时下有书贪逸，想读却总是难读。我真希望能再返少年重温旧梦，放下赶猪的鞭子悄悄去找八哥。

春天的怀念

在我小的时候，山里的春天总是来得很迟。过了大年，爹就说要打春了，或备绳套，或修犁铧，然后便取下屋梁上的玉米穗儿，让我们一粒一粒地搓。锥子是万万使不得的，伤了胚芽就会误了一年的收成。选完种子打春的日子果真就来到了，这一天妈妈总要切一块萝卜给大家，说这叫啃春。谁不希望第一个尝到春天的味道呢？抢到了头里的说春天甜，摊着尾的说春天辣。在这样的日子里我总不愿意去抢，他们吃兴正浓的时候我总是望着窗外，我知道只有燕子归来时春天才会到呢！春天是我们的季节，折根柳条儿拧个柳哨儿，满街上去吹，招蜂儿蜂来，唤蝶儿蝶到，那情趣真比吃了蜜糖还要甜呢！可燕子却迟迟地不来，我便开始怀疑它们是和春天一起被隔在很远的地方了，心里真的有好多时日快活不起来呢。

后来开学的日子就到了，学校里依然生着火炉，木柈儿噼噼啪啪，烤在手上、烤在脸上，暖暖的、痒痒的，像有无数条小虫儿在爬。出了门依旧是棉衣棉帽，树冠也依然是光秃秃的，僵枝上栖着几只可怜的鸟儿，蜷缩着，怕冷的样子。哪儿有一点春天的影子呢？我索性不再等待，也不再着意去想，渐渐地便将这苦了我好多时日的事儿给淡忘了。忽一日，老师说要开队会，并说要带我们中队去山里“捉坏蛋”。我们高兴极了，可妈妈说什么也不让去，说天太冷，说山里有狼。环儿来找不许，萍儿来找不许，我最后只好偷逃出来，匆忙中竟将装好的饭盒落到了家里。

山，在我的家乡是不稀罕的。房前是山，屋后是山，村左是山，村右还是山。山山相环，岭岭相抱，似一道天然的围墙将小屯牢牢地围在中间。我们的目的地距村子不远，然而却须得翻过一道山梁，那坑坑坎坎的石路难走着呢。“捉坏蛋”是我们那个时代山里少先队的传统活动。记得姐姐像我们一样大时也曾参加过，看她当时那神气劲儿我羡慕得要死，便缠着带我同去，她自然是不肯，说那是集体活动，怎么能带一个小孩子呢？说话时俨然一个长者，气得我有好多时不肯理睬她呢。

到了目的地，太阳还没有爬上山顶，我们插旗扎营整装待命。“侦查小组”终于从山上下来，于是中队长一声令下，我们便分头“出击”了。武器是没有的，老师让我们把红领巾提在手上，以防遇见野狼。据说狼最怕这种火的颜色。我和萍儿、环儿在一个小组，我们的目标是大山的顶峰。那山算不得很陡，但在我们的感觉中却是极高。我们爬啊爬啊，好不容易才爬到山腰。回望山下，似见了另一个世界，路如一条浮动的白线儿，旗是一个跳跃的红点儿，人就更小得可怜，活像一只只小蚂蚁呢！山腰和山脚的气温有些异样，先是萍儿说冷，后来环儿也说冷，再后来脚下就出现了薄薄的残雪了。萍儿提议下去，环儿也犹豫不定，可我总想着立功，因为捉了最大的“坏蛋”可以奖一支钢笔呢！我们继续向山顶上爬，奇怪的是风越来越暖了，到了山顶才意识到，我们爬过来的是阴坡，太阳正在对面山上等着我们呢。

我们在山顶一无所获，便由阳坡向另一条沟里搜去。路上萍儿搜到两块橡皮、一支铅笔，这样那神秘的沟下更增添了它的诱惑。当我们三个人闯入坡底时，奇迹发生了，我真疑心我们进入了什么天堂呢。一条溪水不知从什么地方爬来，岸上的野杏树上挂满粉白的花骨朵儿。地面上的草芽儿如一只只嫩黄的耳朵，听到我们的脚步并不惊慌，那情态真像是被淙淙的水声给陶醉了呢。山里的鸟儿也好像一下子都聚到这里来了，飞啊，唱啊，快乐不已，见了我们似乎显得十分的亲热呢。我们都忘了“捉坏蛋”的事儿，竟做了这神奇之地的俘虏了。

天近午时，集合的哨音传来，我们才如梦方醒。匆匆地折了几根杏枝儿，环儿说把它插到水瓶里，春天就会在屋子里开放了。这时我才忽然想到了关于春天的事儿，我从啃春时起就等待的春天不就藏在这里吗？它并没有走远，它是在和我们捉迷藏吗？我要把这个发现告诉爸爸妈妈，告诉老师和同学。这一天我虽一无所获，却十分地快乐和满足，因为我在心里解开了一个谜，也装进了一个秘密。我自忖春天从未离开过我们，它总是藏在一个什么地方等人们去寻找。大人们总是等啊等啊，只是他们不知道这个秘密罢了。

寻找珍珠

在我刚刚学习写作的时候，有个很有影响的作家叫陆文夫，是写小说的。他在谈创作体会的时候说过一段话，大意是，寻找创作素材就像是在人生路上捡石子，当你回过头去，凡是能看到的便是有意义的，看不到的便是没有意义的。所以，他说自己很少记日记，也很少记笔记，理论是记忆最深刻的东西是留在心灵上的，只要你闭上眼睛就会看到。他这番话对我影响很大，这是一个有着丰富人生经历的老作家的切身体会，也是他留给我们特别是留给那些有志将来当作家的年轻人的宝贵经验。

把他这段话引申开来，就是写作者一定要做一个有心人，学会用自己的眼睛在生活的海滩上寻找珍珠。生活是丰富多彩的，就像大海，潮起潮落，变幻无穷。一会儿风平浪静，一会儿风起云涌。每次潮汐之后，海滩上都会留下很多宝贝。所以，海边的人们就要赶海，来捡拾这些财富。大海的潮汐是有规律的，日期不同、季节不同，海浪带到沙滩上的宝贝也不同，赶海的人一定要细心观察，把握规律去收获财富。写作的人也应该这样，要注意发现，练就观察生活、把握细节的能力。我们每天无论是学习还是生活，都要接触很多人和事，甚至要亲身参与许多活动，那些让你感动，让你记忆深刻的，就是你写作时要寻找的珍珠。你用你喜欢的表述方式把它们记录下来，这就是文章。

那么，怎样才能找到珍珠呢？古人说过这样两句话，应该认真体会。一是文章本天成，妙手偶得之；二是清水出芙蓉，天然去雕饰。其一告诉我们，珍珠就在你身边。就藏在你的亲人、朋友、老师、同学身上，抑或你在街上、商场、影院、书店、车站、机场见到的陌生人身上，你要用你的心灵和眼睛去观察、去发现。这里的关键是自我感受，透过现象看本质，看人物和事件中蕴含的能给人启示的东西。比如一种精神，一种力量，乃至一份感动，不能人云亦云。要发现别人没有发现的，要挖掘别人挖掘不出来的，这样写出的文章才能吸引人、感动人。如果练就了这样的本事，你离成为一名优秀作家就不远了。其二告诉我们，要忠于生活，忠于事件的本身。小说家可以脱离生活原型编故事，但故事必须遵循艺术真实，此人身上没有，但在人群中一定会有，此地没有发生，但彼地一定发生过或可能发生。总之，不能信马由缰，违反规律。如果是写散文或其他记事文章，就用不着去“胡编乱造”。只要你把事件或人物本身最精彩的部分描述出来，就能打动人、感染人了。要记住，描述不能平铺直叙，记流水账，要写人物和事件最精彩、最动人的部分，其余可忽略不计，就像摄影和画画时取景一样，只取最漂亮的一点、一段、一面，让人看了过目难忘。

当然，写好文章除了发现素材，还有很多要素。比如主题的确立和挖掘、素材的取舍、语言的运用和风格的养成，等等，这不是一篇小文就可以告诉大家的，要在写作实践中摸索、体会。这里只讲在生活中寻找珍珠，这是写作的基本前提。

另外，文前引陆文夫先生那段话，不是鼓励爱好写作的青少年朋友不写日记、不记笔记。这要因人而异，写日记、记笔记是很好的学习和锻炼方式，好的日记本身也是散文。

其实作文很简单

金本老师打来电话，说他们办了一本小学生作文辅导刊物，让我谈谈创作体会。在我看来，其实写文章是件很简单的事，就像我们小时候学习说话，学习吃饭，学习走路，学习各种游戏，看父母怎么做我们就怎么做，看老师怎么做我们就怎么做。看得多了，练习得多了，自己慢慢就会了。这里的关键，是你得认真去学。也就是说你想要把文章写好，首先要把文章读好。要精读、细读、反复读，既要读懂文章中的内容，又要看明白作者是怎么写的。文章中的事都是我们生活中的那些事，读的过程中你若能够让自己参与进去，身临其境，而且投入情感，融入其中，你就能体会到作者是怎么把它写出来的。下回让你去写同样的事，你就不会犯难了。就像刚上学的时候不会写字，天天练习，记住了笔画、结构、形态，自然就会了。

那么，为什么有的同学一写文章就头痛呢？就是因为你文章读得太少，而且读的时候走马观花。你没好好向别人学习，自己怎么能会呢。所以，要养成读文章的习惯，还要学会读好文章。课本里的文章都是好文章，是从各种书籍中千挑万选出来的，每一篇都十分精彩，每一篇都有特色。因此，同学们在读课外书之前必须先学好教材。读文章要用心，古人说，书读百遍其义自见。只有百读不厌，细心体会，才能知道作者要和你说什么，怎么说的。只要你用心去读，每读一遍都会有新的收获。好文章都注重细节。生活中的一件小事，一个人，他说话的神态，走路的姿势，动作，衣着，栩栩如生。这就要求我们想写好文章必须做一个有心人。平时注意观察，注意积累。有人说好奇心是最好的老师，这话非常有道理。你对什么都好奇，就会在不经意间把生活中的一些细节装进脑海里。到时候，让你写文章就如同探囊取物，十分容易、十分简单。

当然，要想把文章写好，光有素材还不够，还得有一定的文字基础，要有语言和词汇的储备。这个更简单，你文章读得多了，词汇自然就丰富了。你想写晴朗的天空，艳阳高照、万里无云、长空万里、红日当头等词语就会蜂拥而至，等待你去挑选。这时你就成将军，点将出列、威风凛凛。我反对写文章总套用成语，或者追求语言的华丽。表面好看，空洞无物，那样的文章不是好文章。好文章的语言都十分朴实，就像平时说话聊天一样，娓娓道来，亲切平和。只要你能把你要表达的思想表达出来就是一篇好文章。我曾经说过，文章的最高境界就是用最简单的文字表达出最深刻的思想。你们慢慢体会，我真的不骗你们。谢谢金本老师找我和你们聊天，更期望能早日读到你们的文章。

读书的真意并非就是学习

书中自有颜如玉，
书中自有黄金屋。
读书破万卷，
下笔如有神。
独有书可医胸中俗气。

这些，都是古人劝人读书上进的金玉良言。有的出自帝王之口，有的出自文人之口，但我总觉得帝王之见也好，文人之悟也好，皆在理，但都未免太功利性。读书理应是一件十分轻松的事，可一旦与功利目的连在一起，就一下变得沉重起来。所以，“头悬梁锥刺股”“囊虫映雪”“凿壁偷光”，就成了刻苦读书的典范。

其实真正意义的读书和学生上学求知根本就不是一回事儿。学生上学，授业解惑和投师学艺是一回事儿，目的在于身获一技，受用一生，是现代意义的谋生工具罢了。而读书对于真正的读书人或是有嗜书癖者，则如同人之于阳光、之于水、之于粮食、之于空气，是一种自然的需要。所以，真正意义的读书非但不累不苦，还会有无穷趣味。

在这一点上，我很欣赏西方的先哲。比如说叔本华，他在《生存空虚说》中写道："高级的精神文化，往往会使我们渐渐达到另一种境地，从此可不必再依赖他人以寻求乐趣，书中自有无穷之乐。"孟德斯鸠则说："爱读书就是用无聊的时间换取快乐。"喜欢读书，就等于把生活中寂寞的辰光换成巨大享受的时刻。这与我们古人动辄"忧愁非书不释，忿怒非书不解，精神非书不振"或"三日不读书便觉面目可憎"相比，不知要轻松多少倍。

有时我也暗自猜想，我们的古人之于读书也未必都出于功利目的，这只不过是当权者劝百姓或当父母者劝子女好学上进的一种倡导。比如好读书不求甚解的五柳先生，比如善批典籍的金圣叹先生，都是爱读闲书，把读书作为人生需要的主儿。就是"囊虫映雪""凿壁偷光"的两位，当初也未必都在读有用之书，如果是在借着雪或别人家灯光看一本有趣的小说，那也是别有一番乐趣。

所以，我说读书有时就是一种需要。当然，这仅仅是对我或是与我一样的"书虫"。

关于读书

一

有书不读，不如无书。

二

书是传承光明的火炬。书一旦成为一种装饰品，就失去了存在的价值。

三

书是爱书者的挚友。

书不择人，人要择书，得好书，开卷有益；得坏书，染指多害。

四

书不可滥藏，藏多则读少。

读不可不精，精则过目能详。

五

案上多书，多书不能卒读。

一书在手，方可专心致志。

六

读书宜静，静才能多思。

读书宜精，精才能多得。

七

读书犹如看山,最忌一叶障目,一叶障目就无法看到远处的风景。读书亦如掘井，更忌浅尝辄止，浅尝辄止便无法尝到深处的甘冽与清凉。

八

读有用书，能不断完善自我。

读无用书，等于浪费生命。

九

偶读闲书，如同劳作之后林间散步。

总读闲书，便是把自己当作了无所事事的浪子。

十

读死书，死读书，都属强读书者，功夫不负有心人，能得到知识。

读好书，好读书，皆为善读书者，功夫全在书外，能得书中真味。

十一

读书没有心得，无异于不读。

读书有三种境界：一曰雾里看花，美则美矣，但始终朦朦胧胧；二曰水中望月，疏朗真切，但不着边际，看得到摸不到；三曰登高望远，绝顶鸟瞰，众山委于足下，万物拥于怀中。入第一境者，除愉悦之外一无所获。入第二境者，愉悦之外，能增长知识；只有入第三境者，既得愉悦，又长知识，更重要的是增长才干。

十二

会读书者，少读精读。

不会读书者，多读且滥。

十三

水滴石穿，贵在锲而不舍。

铁杵成针，贵在神情专注。

十四

书是人类进步的阶梯。

书是开启心灵的钥匙。

书是人生最好的伴侣。

十五

书是一位智者，它让人类变得聪明。

书是一位仁者，它让社会变得文明。

十六

书是一位忠实的朋友，在你寂寞的时候陪你聊天，在你痛苦的时候给你安慰，在你迷途的时候为你指明方向，在你失去信心的时候给你无限的力量。

十七

与书为友，你可以向它倾诉所有的心事，公开所有的秘密。书不会欺骗，书也不会背叛。

十八

它会默默地伴你度过一生。

它对你只有奉献，没有索取。

▶名著导读课堂
▶作家故事影像
▶阅读技巧点拨
▶漫游世界名著
扫码获取

一个人的世界

萨特说，一个人就是一个世界。这句话也许是对的，但并不十分准确。我倒想说每个人都拥有一个只属于自己的世界。这个世界只有一扇开给他自己的门，即使最亲爱的人也无法一同走进去。那是他的，那里的天空有独特的色彩，那里的空气有无法表述的温馨。当他走进这世界的时候，一切现实社会强加给他的痛苦、烦恼、忧虑以及残酷的欲望，都会通通留在门外。他将变成另一个人，一个完全自由的人。在那一刻，他会有享受不尽的快乐和幸福。

但遗憾的是，不是每个人都能得到开启那扇门的钥匙。假如你始终不肯放弃那些可怕的利欲，禁不住身外世界的诱惑，那便注定你的一生都被烦恼所困扰，白白地让你的那个世界在你离开这个世界的时候，与你一同消失。你将成为一个本来应该拥有快乐，却终生不能快乐的人，这是多么的不幸啊！

每个人都应该刻意去寻找自己的那个世界，不要指望会有人能把你领进那扇门。你的世界只为你所拥有，别人是无法企及的。找到那把钥匙，有人也许就在瞬间，可有人却要付出一生的代价。有人一生都生活在那个世界里，有人也许直到告别同伴与亲人的一刻才走进去。但不论一生也好，一瞬也好，只要你到过你的世界，比起那些终生都被利欲折磨的人，你都是幸运的。

这是一个人的世界。

真正的艺术就是在这个世界里产生。每一个艺术家都是在这样神秘的世界里进行创作。也许你看到的只是一间普通的画室，或是一张普通的书桌，看到的是你平日认识的某某。实际上，当他走进那画室，来到那桌前，他就不再是他，那画室、那桌子也不再是一个空间或一个什物。他们已经走进那神秘的领地，所有的色彩、形象、声音、语言都集中在那儿，他们的任务是取出属于自己的那一份儿。所以，当他们回到这个世界中来，捧出自己的作品，你会感到五彩缤纷，情调各异。遗憾的是，每当这时，你只知道感谢那些创造艺术的人，却忘了他们所拥有的世界。这并不是说，我们每个人都可以成为诗人、作家、画家和音乐家，因为寻找那条通往神秘世界的路是要付出心血、汗水，乃至于更大代价的啊。

我很迷信这个神秘世界，也曾为它付出无数的汗水和心血。我所写下的文字便是留在这跋涉路上的足迹。我不敢说我已在那世界中获得了什么，因为生命属于自己，果实属于大家，酸甜苦辣只是一种体味，让时间去评说吧！

半本残书

那是一个寒冷的冬天，我在一个远房亲戚家里得到这半本残书，它无头无尾残缺无名，却使我在那所乡下中学里大放异彩。

我小的时候天资很低，加之自幼父母双失，性情孤僻，在学校里一直默默无闻。我们那个时代正是无书的时代，除了课本及《毛主席语录》，中学生几乎看不到别的带字的东西。那年寒假，我奉姐姐之命去河套办事，在亲戚家里发现了这半本发黄的残书。亲戚见我视之如宝，便取出中间夹放的鞋样（北方农村做鞋时剪裁布料的模纸），慷慨赠予，这便是我平生得到的第一本课外读物。这之后它便成了我的宝贝，整个假日不曾释手。在这半本书中我认识了欧阳修、苏轼、王安石、陆游，我一首又一首地背诵他们的诗，《丰乐亭游春》《泊船瓜洲》《题西林壁》《示儿》……我最喜欢的是朱熹的《观书有感》——

半亩方塘一鉴开，
天光云影共徘徊。
问渠那得清如许？
为有源头活水来。

当时虽不能尽解其意，但半知半解已至欣喜若狂了。为了记牢这些诗句，我还在半块玻璃上用毛笔写字，背完一首便书写一首。其目的亦在于练字，那时乡下贫困至极，这半块玻璃便是我那一个冬天的“纸”了。

又一个学期开始，我的作文居然登上了学校的板报，作业本亦被拿去展览，一时有了“小作家”“小书法家”之虚名。我受宠若惊，暗暗感谢亲戚送我的那半本残书和姐姐给我拾来的半块玻璃。

到后来我进了一所师范学校，广阅古籍才知那半本残书是上海古籍出版社在20世纪50年代编选的《宋诗一百首》。如果说我今天可以算作诗人、作家，那么它便是我的启蒙文学了。

回想我的中学时代，值得纪念的似乎仅有这一笔。古人云：“学贵有志、有识、有恒”，“宝剑锋从磨砺出，梅花香自苦寒来。”前者我十分赞同，后者乃切身体验，希望后来学子均能实践。同时，我还感到，兴趣是最好的老师。如果不是爱上那半本残书，我这乡下之子焉能今日为文乎？

情系荒湾

按山里人的说法，人生十二年算一次轮回，因此十二岁生日对每个孩子来说都十分地重要了。到了这一天，当母亲的不但要给孩子煮鸡蛋，还要买一条红布亲自系在孩子的腰上。十二岁这天，是山里孩子童年生活中最幸福的时刻，然而这种幸福却不属于我。

当吃了十二岁生日鸡蛋，系着红布腰带的孩子们背上书包在小伙伴们羡慕的目光中走向学校的时候，我正走在通往荒湾的路上，肩上是一杆长我三倍的鞭子，前面是近百头猪组成的长队。十二岁，我弄丢了父亲请人给我取下的名字，人们唤我“猪倌”。

母亲辞世以后，父亲便将我们带到了这山外的小屯儿。小屯儿是父亲的祖居地，那一年死神已向他发出了通知。那时的乡村不比现在，粮食是人们生活中最大的问题，多个闲人多张嘴，更何况我们一家老病弱小共四张。后来据屯中人说，父亲是哭着来向老少爷们请求返籍的，要不是有位掌点权势的远房舅爷给做主，那些族人是万不肯收留的。

父亲不久就住进了省城医院，他得的是癌症。

姐姐操持家务，我便带着童年的不幸辍学进了荒湾。

有人说人生的不幸是一种具有特殊含义的财富，我想这话也许是对的。因而我十分怀念那片让我第一次体味世道艰辛的荒湾——那是放牧我童心的牧场；那是涂抹我梦幻的画布；那是我涉入世途的第一个路口。

荒湾地处小屯儿的东北，是东辽河的一条支流裁弯而成。荒湾的面积不大，大抵有四五垧地的样子。水大的时候四周汪然，中间只余垧把地的孤岛；水小的时候则岛陆一体，有一坡面沿河岸与陆地相连。湾中水草繁茂，深则芦苇蒲棒，浅则乌拉草和柳毛儿。待到五六月时，野花如星突坠，红黄蓝绿煞是壮观。在我童年的眼睛里，可以说那是一座天然的乡间花园。荒湾的三面是耕地，地湾交接于丈把高的陡崖，所以这里便是我放牧的最好去处了。只要把猪群往湾中一赶，守住湾口，就可以干自己喜欢的事了。湾口有棵大树，树下是白色的细沙，愿意睡觉它便是床，愿意画画它便是纸。记得那时画得最多的是那首描写太阳的儿歌。歌曰："太阳出游，早上骑马，中午骑牛，晚上骑着葫芦头。"那时，一赶出猪群便盼着日落。有时我也爱画些飞禽走兽和我喜欢或者憎恶的人，并在旁边写上他们的名字，以示爱或恨。那一年我画得成功的是十奶，这倒不是因为在没人肯借我们房子的时候，她让我们住进她的里屋。这该是大人的事儿。我喜欢十奶，是因为她是我十二岁的朋友。十奶在屯子里算不上是德高望重的长辈，她的两手总是黑漆漆的，冬日里爱在腰间扎根麻绳儿。可十奶的心眼儿好，如果收群晚了她准会给我留饭，如果有谁欺负了我，她准会站到街上去骂他的祖宗。

没想到后来我又有了复学的机会，继而又离开小屯儿跻身于繁街闹巷，但我还是总忘不了十二岁的夏天和那片荒湾。荒湾，我人生旅途中最为重要的一个驿站。

父亲的眼泪

“男儿有泪不轻弹。”古时候有位哲人这么说。

“眼泪不是尿水儿，不能走到哪儿撒到哪儿。”赶马车的父亲这么说。说这两句话的人都是男人。当我羞于在女孩子面前站着撒尿的时候，才知道我也是男人，我开始在心里仰慕父亲。

父亲的形象在男人堆里算不上高大，中等个儿，平平的肩膀儿，黑红的脸膛是块不很大的平面儿。那个还算过得去的鼻子下是一张沉默寡言的嘴，胡须稀落得不值一提，且又带几分黄意，让人看了很不舒服。唯一可以称道的是他那双眼睛，永远做沉思状，这让我在童年的心灵中总感到几分威严。父亲的确很威严，在我的记忆中好像从未听他朗声地笑过。日出而耕，日落而息，像一头老老实实的牛。尽管这样，父亲确有让人叹服的一面儿，那就是北方男人的刚毅和那身永远也使不完的力气。他一气儿可以将二十包二百斤重的粮袋装上马车，也曾在没有麻药的情形下接受骨折手术。

这并不关眼泪的事。

我仰慕父亲不仅仅在于他的威严，更多的是对我童年时他那种职业的艳羡。父亲是山里有名的车把式，在沟里历来是赶头车的，他用的马好，车也漂亮。那时山里没有汽车，父亲的车就如马车堆中的轿子。父亲爱他的车和马胜过爱这个家里的人，他冬日每天都给马刷毛儿，夏日里每天都给马洗澡儿。那时马都是由队里群养，他信不过饲养员，有时竟半夜里到马棚给他的马添草料。有一年冬天，他的花斑辕马被马贼盗走，他在外找了七天七夜没有回家。那些日子急坏了母亲，待他回来的时候，他的另一个儿子已经出世了。那一日他很高兴，不知是因为添了个儿子还是因为追回了那匹马。

这依然与眼泪无关。

在我的印象中，父亲是不认得字的，因为在年终分红的时候他总是让人代写他的名字，要不然就呈上名戳。可在我记忆中他却翻过几次话本，那是祖父留下的遗物，上面多是传奇故事。我曾让父亲念给我听，他说这是看的不是念的，等你长大了自己看好了，可惜没等我长大，那本书就被“破四旧”的人们给烧了。三年前我才买到宋人的话本，当拿起这本书的时候便想到了父亲，如果他还活着，我一定会念些故事给他听的。

这还是与眼泪无关。

父亲的眼泪流在他魂归故土的前一年，在这之前，在这之后我都不曾见过。那是夏天，他从省城医病还乡，看到河湾里放猪的孩子是我，便使出全身的解数唤我的名字，我被那声音惊呆了，当我从木然中省悟时，一串滚烫的泪已落到我仰起的脸上。他说他对不起他的孩子，他说他要知道他走后儿子会辍学放猪还不如挺死，他骂世道不公，他骂老天没眼，最后便是骂自己无能。我记不清当时我是怎样对他劝慰，好像是在我也哭得不行的时候，听到了写在文章前面的那句他留下的唯一一句可以作为格言的话。

后来他便抛下另一个夏天和我，到另一个世界去赶他的马车。那个夏天的眼泪很咸。

那个冬天里留下的一句话

在我的老家有这样一句老话，说从老爷庙那儿论，满村子的人便都是亲戚了。我和萍儿、环儿都住在一条街上，自然就更是亲戚了。我管环儿的爸爸叫叔，萍儿管我的爸爸叫伯，这样，我们又都是一个辈分上的人了。那时我们都小，好像是五六岁的样子，环儿叫我哥哥，我叫萍儿姐姐，我们常常玩在一起，大树底下，柴草堆上便成为我们所谓的“家”了。

山里的孩子和城里的孩子不一样，我们那时的玩具只有从地里捡来的秫秸、石块儿。我们唯一的乐事便是过家家。过家家当然得学着大人的样子，男人当爸爸，女人当妈妈。萍儿大我们一点儿，自然总是她先把我抢到手里，我这个“丈夫”要按她的旨意去犁田，去赶车走娘家，或是坐在小石头上守着她。她说她妈妈就是这样让她爸爸守着她纳鞋底子，不然就拧他的耳朵。我说我不会走，过了山就会看见狼的。萍儿对我笑笑，用手来捏我的鼻子。每逢这时环儿总是很失望，在一边看着我们不吭声儿。我说让她当孩子，她怎么也不肯，她说她也要当妈妈。这时便免不了一阵争吵，最后总是环儿哭了，我们便回家去了。

有一天萍儿病了，环儿便高兴了，她说她今天可以当“妈妈”

了。我也很高兴，我觉得“萍儿妈妈”挺吓人，所以在感情上我总是喜欢环儿的。那一天我们是在屋后的路上，由于山洪冲刷，路面像条河露出光光的石头，环儿用野葱做菜，用泥巴做馍，我们“吃”得可香了。后来环儿讲了个可怕的故事，说是他爸爸出山回来说的，说山那边有个拍花的老头儿，见到小孩就拍一下头顶，小孩便乖乖地跟他走了。我很害怕，见路上有人过来就飞也似的跑回了家。

后来就到了冬天，我们都各自蹲在自家的炕头上缠着大人讲故事。那一年我听得最多的是七仙女下凡和白娘子求亲，我暗想萍儿和环儿便是她们两个的化身了。我计划在春天到来的时候把这个想法告诉给她们，可没等到春天，爸爸就用胶轮大车把我们拉到山外来了。那天萍儿和环儿都不知道，我想她们若是知道一定会到这雪地上来送我的。

如今我在繁华的都市，她们仍在遥远的山里。我真希望有一天能见到她们，告诉她们那个冬天留下的那句话。

有一种动力叫向往

我十二岁那年，父亲因病住进了省城医院，被早逝的母亲留在这个世界上的我便担起了维持姐姐和弟弟生活的重担。那时虽然已是新社会，但处于动乱中的乡下还十分困苦，乡亲们披星戴月劳碌一年，还填不饱肚子，自然也就少了人间应有的同情。为了一家人的生计，我被迫成了村里有史以来年龄最小的“集体猪倌”。

“集体猪倌”要负责看管全村的猪，每天早晨把猪集中起来赶到草甸上去放养，中午赶回来，下午再赶出去。就这样日复一日，从农历三月直到农历九月，让那群猪把甸子上的青草啃完，然后才放到收割后的田地里还他们自由。

在夏天的草甸上猪儿十分快乐，我却十分痛苦。那时我正上小学五年级，可以想象，一个孩子被人夺去书本，交你一把鞭子，被迫离开同学而与一群猪为伍，该是一种什么滋味？我在艳阳下想哭无泪，看猪看得无奈就望着白云出神。我羡慕那自由的云朵，更向往在白云下、在校园里和同学们一起学习、游戏的生活。于是我便以沙地为纸，以树枝为笔，开始了我的自学。练字、画画，有时也写一些连自己也不知是什么的句子，现在说应该算是当时的诗。如果说我今天是以一个作家的身份和你们交流思想，很可能与那时的

“训练”不无关系。

那一年在猪散群时，我又进了学校，并以全校第二名的成绩考入了中学。那是一个没有文学和艺术的时代，许多有成就的文学家和艺术家都被下放到农村进行劳动改造，我的家乡就聚集了很多这样的文化人。听大人说，他们中有的人曾写出过几十部书；有的人画出的画被送到国外，成了价值连城的珍宝；有的人能唱会跳，曾经见过毛主席和周总理。我十分钦佩他们，开始做文学家和艺术家的梦。我开始模仿书上的课文写文章，开始向学校里教美术的教师学画画，开始练习书法。那时家里极穷，没有纸就用拾来的烟盒或作废的账页，有时甚至在墙上和地上乱涂乱画。写心中的愿望，画梦幻的世界。直到走出童年时代，我也没有放弃心中的向往。

当然，直到今天，我的愿望也没有全部实现，但童年的向往确实给了我无限的动力。它给了我坚强的毅力，让我战胜了许多困难，使我从一个放猪的乡下孩子，成为一个受人尊重的作家。我衷心希望生活在幸福中的青年朋友，张开你们的双臂去拥抱美好的明天，向往会给予你巨大的力量。

土屋

怀念土屋并非因为土屋。

我认识土屋是来到下荒的事儿。在我的童年，山沟里多以石筑屋，木梁草顶，黄泥抹墙，初则顶青墙艳，经年即由青黄而黑。若是上了些岁月，屋顶则要生出苔藓、香菇之类，这时亟须换草，不然便要成为漏屋了。

到了下荒，草房却极为少见，村落里大多是土坯平房。这种土屋不同于草原地带的干打垒，房盖儿总要出一个小小的檐儿；屋墙则多为坯砌或者土筑，无论如何，每年都要抹上一至二次，既防雨蚀亦可保暖；盖则必用碱土，方便时还要掺少许食盐，此乃防漏之术。

本文所指之屋即属这一种类，它坐落于辽河支流左岸，周围是一片很大的菜地。地权属谁我不知晓，但在那个岁月里，我们把它称为校田。我要写它，并非因其有何殊史，它普普通通属于屋之末流。我要写它，实因其给我留下过许多难忘的记忆。它让我在它的檐下躲过风雨，它的主人曾以他们的真诚校正了我的人生。

那是我入中学的第二年，学校在学黄帅、张铁生的潮流下，全部废止了文化课，办起了诸如农机、农电、农医等面向工农的专业班点。我当时隶属农医，整天背诵汤草歌诀，摸穴探位，间或到农园里去种植草药。这个农园便由前文所说之土屋的主人管理，但是他们都不是园头，园头是一个满脸麻子，且有几分蛮气的工人。

我成为那座土屋的常客是因为一次大雨，大雨之前我是很少接触那座土屋的。土屋的东侧是一间工具房，领工具的时候总要老师带班干部去领，领的时候也绝少与土屋的主人说话。这原因很简单，他们是学校里的异己分子，每一次批判大会都要把他们拉去陪榜。

那一次大雨下在黄昏。正是初秋时节，突来的风雨把我一个人困在参圃里。参圃距土屋只有百余步，只要我飞奔过去便可免受身心之苦了。可是我没有这种勇气。我在批斗会上是一个重要人物，我的发言常常在全校轰动。我自忖我不会受到这土屋的欢迎。可是土屋并不像我这等小气，当它的主人见我只身于雨中之时，一只大手一块雨布遮去了我心头的风寒。

那时我只有十四岁。

土屋使我明白了许多道理。主人之一曾对我说："人生的第一件大事是吃饭，人不吃饭没法生存。人生的第二件大事则是读书，没有文化则无异于白痴。"土屋里的确有许多书可读，这是我在学校图书馆里不曾见过的。那时图书馆里除十几张内容相同的报纸外，便是可数的几本杂志和红宝书（伟人著作）了。此乃后之所见，当时是谁也没有这种胆量的。主人之二说："人无殊志必为庸夫，树志而不付力则不如庸夫。"我在当时并不怎么理会，且对他每日劳作之余苦苦作画而深感不解，但到了我也被那些线条和色块迷住的时候才算识得其中三昧。可惜我命运不济，十年心血，纸墨等身，到头来却因色弱而被逐出了那神奇的彩色王国。之后便不得不苦啃诗书，又无奈天性愚顽，半文半政混至今日，依然默默无闻。尽管如是，我还是十分感谢那土屋给我的启悟。土屋暖绿了我少年的梦。

据故乡人说，那土屋如今早已不复存在了，土屋的主人亦各有了归宿。一返故里，一因癌谢世。我衷心地为生者祝福，为死者哀悼。

与球做伴

大约在二十年前的夏季，三伏里特有的酷热，使乡间小镇的黄昏变成一只烤炉。吃过晚饭，人们都离开屋子，或蹲在街上闲聊纳凉，或站在檐下摇扇驱暑。老幼无别，男女不避。整个小镇鸡伏犬宁，万籁俱寂。

然而，这份静寂却不属于小镇中学的球场。在一阵砰砰声中，月亮渐渐地升起来，在一个瘦长少年的额上、脸上、背上不停地滚动。少年异常亢奋，他腾跃着，一遍又一遍地重复着相同的动作，一只篮球，确切地说是一团黑影，在篮上、地上不停地飞旋。最后，少年筋疲力尽，枕着球睡在如水的月光里。

这不是童话，那个瘦长少年就是当年的我。二十个春秋过去了，少年变成了青年，继而将走入中年。每当耳畔响起那撞篮声，他的心就跳得不行，尽管他自己知道早已被时间淘汰，但他仍自信他的心仍属于当年。每到这时，他总要凑到球场去看上两眼，或拍或投方能释然。他说不明白这是一种什么道理，他只知道当他第一次离开老家在山外见到那飞旋之物的时候，人们称之为篮球的东西便成了他生活的一部分，生命的一部分。

打少年赛。

打青年赛。

打职工赛。

在无数次的角逐中，青春留下累累伤痕，而那只记忆中的篮球却完好无损。每装一次篮筐便添一分喜悦；每得一次喝彩，便生出无限欢欣。记得在一次大赛中，当他一人独得35分时，队友们险些把他当球扔进篮里。那份激动，那份忘情，那场景，实在不亚于现在的美国职业篮球联赛。

岁月无情，那月色中飞旋的黑影离他愈来愈远了，取而代之的是写不完的公文，看不完的书籍。爬格子，数星星，苦也欤？乐也欤？只有那瘦长个子心中才知。他无法对那只热恋过的篮球诉说，它根本不认识这位温文儒士，它只记得那个不知烦恼，不懂忧愁，像猫一样灵活，像虎一样勇猛的翩翩少年。

再见了，我的篮球，我忠诚的朋友！尽管我如何的不愿意，我也必须说声“再见”。我只盼青春再来，如果青春再来，我仍愿与你为伴。

留不住的太阳

河湾还是那个河湾，可太阳已不是那颗太阳了。当我领着儿子踏雪来到我当年放猪的地方的时候，我的心倏忽间生出许多感慨。这一天是农历庚午马年腊月三十。

放猪的那一年我十二岁。父亲在母亲辞世后的第三年带我们从北山里来到下荒，为的是让我多受几年教育，让他们的儿子改变一下祖上目不识丁的历史。谁知到了下荒，善良的父亲得了绝症。父亲寻医进了省城，在陌生的祖居地就剩我和弱姊幼弟三人。那年月人穷意寡，地懒情薄，为了不让做主收留我们的舅爷和堂伯们为难，我不顾姐姐和族亲们的反对，毅然放下书包扛起了鞭子。

荒湾里的日子，最亲近的就是天上的太阳，朝出相伴，暮归相随，几多欢乐，几多哀愁，只有它知我知。猪开群在四月初五，乍暖还寒，把猪围在河湾中，土崖下是它送我一个温馨的梦。猪收群在九月重阳，是它送我重新走回泪水溅落的学校。那个与猪群一起度过的传奇的夏天就更不必说了，是它以父亲的温厚、母亲的慈爱伴我124天。寂寞的时候，它就照着我在海滩上一笔一笔地画它，有时我把它画成善解人意的女孩，让它把光给使人恐怖的黑夜，把美给使人愉悦的花朵。但是，我却不允许它把微笑送给别人。我臆想，她是我塑造出来的，她的微笑只有送给我才行。画得累了，想得累了，就开始想家。这时便又恨起它来。恨它盼晌不晌，盼黑不黑。于是乎便作歌戏骂。可它却不怒不恼，依然笑呵呵地看我，气得我把鞭子向天空摇了又摇，恨不能一下子把它抽落。

离开荒湾已经有二十年了，二十年中我送走了二十个太阳。在这二十个太阳中如果您问我最喜欢哪一个，我会坦率地告诉您，就是荒湾里的那一个。它给我天真，给我安慰，给了我一个永远也忘不掉的夏天。

我们在湾中盘桓了许久，我多么希望头顶的太阳就是当年的那一轮啊。如果真是那样，我就可以重新走回十二岁，走回那个无忧无虑的夏天。可以像面前的儿子这样逃离世事的纷争与人心的困扰。可当孩子以他的纯真唤我同进辛未羊年的时候，我又不得不面对天空、面对现实。

太阳，太阳，留不住的太阳哟。

一个乡下孩子的故事

三十三年前的春天，乡下孩子生在很远很远的山里。那山里所有的山都很高、很高。可乡下孩子的家却很小、很小。如果你站在山腰上看它，那就是一只小小的火柴匣儿呢。

乡下孩子自己不相信命运，可乡下的父老们却都说他命苦啊。他来到这个世界上的第九个冬天，母亲就与他告别了，那是一个有风有雪的日子，他的眼泪被悲哀和寒冷冻成了冰柱儿。山坡的墓地里留下他啼血的呼唤——“妈妈”。这声音如今仍在那片旷野里萦回。这以后的日子，乡下孩子变得异常缄默，缄默得就像他缄默了一辈子的父亲。父亲是爱他的，可父亲的爱也没能伴他度完人生最为美好的童年。在母亲离开这个世界五年之后，北方的山里又失去了一个刚强的汉子。乡下孩子从此成了真正的孤儿。

乡下孩子忘不了他成为孤儿后是怎样从山里走到山外的，乡下孩子永远忘不了乡下那位好心的党支书。乡下孩子算过，那位叫孙凤至的老人已该有七十多岁了。当年，如果没有他的倡议和关怀，乡下孩子也许永远是一个猪倌、牛倌或者马倌。是他领导的党支部决定，将乡下孩子父亲治病欠下的债务用村里的公益金全部核销；是他在最为艰辛的日子里一次又一次给没了父母的乡下孩子送去了温暖；是他决定将放了一年猪的乡下孩子重新送回学校……

乡下孩子忘不了他是怎样从小学读到大学，又怎样从乡下走到城里。乡下孩子上学从来没交过学费，那是学校党组织决定免了的。乡下孩子从上中学一年级起，就年年有一笔固定的收入，那是学校党组织给那位可怜的孤儿的补助。

乡下孩子在很小的时候，仅知道这样一个道理，就是这个世界上好人多。到了他离开学校走入社会，成为组织中一员的时候，他又明白了一个更为深刻的道理：他的一切都是党——这位母亲给的。如果没有她，就没有那些全心全意关怀他的组织，就没有那些全心全意为公为善的人们。

乡下孩子，现在已经不是孩子了。他在城市里找到了自己的位置，他每天都在为我们的伟大母亲辛勤地工作。他白天在机关里为大家服务，晚上为孩子们和喜欢他的大人们写书。他说，他这一辈子已无他求，唯一的愿望就是能为这个社会多做一点工作。他有一个幸福的家，有一个贤淑的妻子和聪明的儿子。他每天都生活在幸福和快乐中。

你想知道他是谁吗？他就是我，一位普普通通的中华人民共和国公民。

莫测人生

人生这玩意儿有时候就是神秘莫测，说不定在什么地方就出现一次转折。别人说不清，自己也说不清，是必然中的偶然？是偶然中的必然？想来想去，还真有点像梦呢。

那一年我已铁了心要在工厂里干一辈子，并在工作之余下车间去学电工。当时还没有商品经济这一说，人们都在一口锅里吃饭。当时对知识也没像现在看得这么重，小镇上的人们看重的只是手艺。“车钳铆电焊，到哪都吃饭”。我用业余时间下车间，师傅说：“你这小子行，真是看得远，将来若不当干部了，有这手艺，啥时候都中。”

其实，那时候我根本就不是什么干部，只是一个百十来人小厂里以工代干的政工人员。师傅说我是干部是在捧我，人在不如意的时候总喜欢一点宽慰和奉承。在此之前，高考恢复的第一年，我胸有成竹地报考了一家美术学院。可是命运多舛，寄去两幅人像素描，好不容易进线，偏偏天生色弱，让面试的老师好不失望。含着眼泪返回工厂，老书记问：“考中了吗？”我没有回答，撕了平日里为应考准备的所有画稿，并发誓连厂里的画也不再画。

工厂离当时的公社很近，“小画家”不再画画的消息很快就有了许多说法。有的说我本来就不行，有的说我眼睛有病。我听了好气，可嘴长在人家脸上，听不听由你，可说不说却得由他。那时候距文化考试不足一个月，招生办马上就要发准考证。公社里一位长辈找到我，问我改报一个志愿行不行。我说什么也不想报，因为我根本就没有准备任何课程。可不久，我还是领到了一张准考证。

那一年的试题极其简单，但对于没有系统学完十年中小学教材的我又是何等之难。大抵是在十一二月份，说不清是深秋的天冷，还是我的心寒，似乎坐到考场里就浑身打战。极其艰难地挨到下课，胡乱写完了第一张考卷……之后就是长长地等待，但这似乎已与我无关。我回到厂里，自认无望，到仓库里领了一套工装，向书记禀报一声就到车间和师傅导电线去了。线儿长长，岁月长长，从入冬直导到翌年春天。一日，师傅正和我探讨什么时候娶妻生子，收发室的老头儿送来了一封信，是入学通知书。就这样，1978 年 4 月，厂里把我送进了县城里的师范。

在后来的日子里，我常常痴想，在没有书读、没有课上的中学时期，要不是那位热心的物理老师（原是学美术的）教我学会了画画，生在农家的我根本就没有资格进入那家小镇工厂，更不用说做一个全脱产的政工人员；如果不是那位好心的长辈关照，第一次报考失败，我也许会自暴自弃；如果不是进了师范，我也许永远也没有机会与文学结缘。不要说属文赋诗，恐怕想和作家诗人们握一握手也望尘莫及。所以，我由衷希望每位朋友都不要放弃任何机遇。因为人生有限，潜能无限，只有在不断的转折中才能发现自己，完善自己。

偶 像

人们从孩提时起,就都有自己崇拜的对象,或是身边的某位长者、同辈，或是故事中的某个人物。小时候我只知道把这些实在的或是虚无的人物当作榜样来学，却不知为什么要学，直到学会读书写字有了文化，才知道这就叫偶像。

我小的时候，最崇拜的人物是我的父亲。他不是有权有势的干部，也不是满腹经纶的文化人，他是山沟里一个地地道道的农民。他不仅有着中国农民勤劳、善良、朴实的一般品质，更有北方山里人特有的憨直、勇敢和彪悍。他曾赤手擒获一头黑熊，他可以肩扛两百斤的麻袋行走如飞，他最拿手的绝活就是驯马——哪怕是刚从内蒙古草原买来的野马，在他鞭下也会服服帖帖。那时，我最羡慕的就是他骑在马上奔驰而去的威风。所以，在一个炎热的中午，我也偷偷地爬上他刚驯服的马背，可那马只认父不识子，如果不是摔在一片草丛里，我可能早丢了性命，无法写这篇文章了。

后来，我们家从黑龙江的大山里搬到我父亲的老家——吉林梨树。我也从一个顽童成了一个小学生。这时，我的一位堂叔成了我的偶像。他是我们那个村子的骄傲，更是我们这个家族的骄傲。他上过哈工大，工作在军工厂，他的名字常挂在老辈人的嘴上，他是我们全村孩子学习的榜样。我曾暗下决心，一定好好学习，长大后像他一样上大学，当大官，让全村的孩子也把咱当榜样。

及至上了中学，从历史课上知道了岳飞。他那“壮志饥餐胡虏肉，笑谈渴饮匈奴血”的豪迈气概使我激动不已，对这位民族英雄产生了无限的敬意。那时，我曾和我的朋友们立志从军，要做一名光荣的人民解放军战士。当时我国的边防部队正在珍宝岛和苏联军队激战，我们决心要到前线去，像岳飞当年抗击金兵那样，为守卫国门建功立业。当然，这只是一种愿望。后来那场战斗结束了，我们也离开了学校开始了新的人生旅途。我没有去当兵，但却留下了一个想当军人的梦。

当我和文学结下不解之缘后，鲁迅先生成了我新的偶像。他是一位了不起的文学家，毛泽东同志还称赞他是伟大的思想家和革命家。他本来可以成为一个出色的医生，可当他在日本从电影中看到中国民众受到外族侵略者凌辱的镜头后，决定弃医从文，要用文章唤醒民众。他写诗歌，写散文，写小说，写得最出色的是杂文。他把他的杂文当作投枪和匕首向旧世界投去，向恶势力投去，向一切反动派投去。那一个时期，我翻遍了能看到的鲁迅先生的所有作品，并立下“誓言”要成为当代的鲁迅。自然，这也是一种梦想，但它却激励我直到现在，抑或将来也永远不会放下这支笔。

我觉得人在不同的时期，可以有不同的偶像，而且这些偶像会在人的一生中起到不同的作用。我崇拜父亲，他教会我正直、坚忍和勇敢，在困难面前不屈不挠；我崇拜堂叔，他让我懂得了好好学习的重要性；我崇拜岳飞，他教会我如何捍卫民族和国家的尊严；我崇拜鲁迅，他使我知道了一个文化人的责任——济世救民，疾恶如仇。也许将来我还会有新的偶像，但这些偶像将永远活在我的心中。

奖掖的力量

世界著名钢琴家安多尔·福尔德斯写过一篇短文叫《贝多芬的吻》。他说他在联邦德国给一批年轻的钢琴家上课时发现，他如果在某个学生的背上轻拍一下，这个学生的表现就会变得非常出色，如果当着全体对其演奏予以赞扬，那他的演奏就会马上超越原有的水平。他还说他本人的成就得益于贝多芬的一吻。在他十六岁的时候，由于与音乐教师的分歧，他处在一种辍学的危机之中，这时，著名钢琴家李斯特的学生冯·萨尔来到布达佩斯，听了他的演奏之后，在他的额头上亲了一下，并说这是李斯特传给他的，这个吻传自贝多芬，总之要传给在音乐上最有希望的人。福尔德斯在文中写道："在我的一生中没有别的什么可以比得上冯·萨尔的赞扬，贝多芬的吻神奇地把我从危机中解脱出来，帮助我成为今天这样的钢琴家。"

这篇短文使我想起一些往事，这些往事大抵与表扬和奖掖有关。在山里的时候，我有七八个十分要好的小伙伴儿，其中彪子是最精明也最淘气的一个。他曾把毛毛虫放到女孩子的文具盒里，制造课堂骚乱，也曾在洗澡的时候藏起老师的裤子，让几十岁的大男人在女人们来河边洗衣服时出丑。彪子的父母因此事去向老师赔礼道歉，彪子也因此鼻青脸破肿着屁股在我家里躲了三天。也许你会以为彪子经过这一次教训会有什么改变，错了，半月后老师家的酱缸有了窟窿，更让人哭笑不得的是，无论老师怎么防备，也逃不脱他的恶作剧，且又无法抓住他的把柄。老师惹他不起，第二学期调了工作。可后来彪子却神奇地变了，这得益于那位从城里来的女老师。听说她是因为离婚才自愿到这山沟里来。她长得虽不漂亮却很讨人喜欢。山里的娃儿都不懂得干净，她在给我们讲卫生常识时就和我们一起把耕小的石屋收拾得干干净净，然后还拿来我们从未见过的香皂给大家洗手。彪子淘气，但彪子是干活儿的能手，第一次劳动之后就得到这位老师的表扬。那一刻彪子的表情特别庄严，紧绷着脸，睁大着眼睛，怯怯的样子，尤有受宠若惊的感觉。那以后彪子几乎成了全班的榜样，劳动带头，关心班级，团结同学，尊敬教师，热爱学习。村子里的大人们更是刮目相看，教育孩子总要说句："你看人家彪子！"彪子的父母从此脸上也总是笑眯眯的。彪子后来果真有了出息，现在已是很有名气的诗人。我前年见他还说起当年的事儿，他说若没有那位女老师的表扬，他也许会成为世界上最坏的孩子。

其实，我们每个人也都有过同样的经历。我上中学之前对画画和写字并没有特殊的兴趣，那时在山里上的是耕小，一个老师，一间教室，除了语文算术，开什么课都随老师的意。他喜欢唱歌，就上音乐，他喜欢画画，就上美术。可惜我的几位先生除那位女老师，几乎都与这两样无缘，故而除了语文算术，我们上得最多的就是体育课，说是上课实则放羊，只要不出乱子，愿意怎的就怎的。后来母亲去世，父亲把我带到山外，这才算上了正规学校。所以，上中学时，除了语文算术，几乎什么都不知晓。我学画画，是因为上物理课时，原本是美专毕业的老师夸我图画得漂亮，才激发了这一兴趣，后来这位老师推荐我去了学校的板报组，专门负责画各种插图。我学写字，也是受了老师的奖掖。那是一次作业展览，老师把写字并不整齐的我列入了表彰名单，原因是“有所改进”，不想这一支一角钱的圆珠笔竟改变了我的习惯。后来几年，我次次作业认真，而且还开始临帖习字。当然，由于天赋不足，于这两项，我都没能取得什么成绩，根本不值夸耀，但靠这一努力，却改变了我的人生。中学毕业，缘于这算不了什么的“特长”，我被破例招进工厂，改变了家中祖祖辈辈为农的历史。我与文字，抑或文学结缘更是如此。那是上中学二年级的时候，一位从师范来实习的老师第一次在课堂上读了我的作文，并评说如何如何好，当同学们的眼睛转向一向于作文默默无闻的我时，一种不可名状的感觉油然而生。那一刻的感觉和后来发表第一篇作品的感觉一样，浮想联翩，夜不能寐。那之后，我自然是刻苦读书，努力练笔，直到今天不敢松懈。

现在想来，奖掖表扬和人生确有很大的关系。可我们有些父母、教师告别了童年就忘记了这一点，他们不知道孩子们需要表扬、需要用一种廉价的肯定对其心灵进行抚慰，而常常是批评和指责，不仅伤害了孩子的自尊，也会影响孩子的前程。我们的领导、同志、丈夫或者妻子，也时常忽略这点，对下属、对同事、对妻子、对丈夫常常挑剔、挖苦。难道我们就不能改变一下方式，多说几句表扬赞美的话吗？要记住，赞美的语言，有时就像阳光，可以把原本黑暗的角落照亮，有时又像雨滴，可以让善良的嫩芽茁壮成长。有一位篮球教练，在他的队伍输了球之后安慰大家说："虽然输了，但是输得悲壮！"听了这话，谁还再敢怠慢，下一场自然要使出更多的力气。看来，我们每个人都应学会赞扬，就像贝多芬、李斯特、冯·萨尔、福尔德斯和我的那位老师那样。

老神树

桃花水从山湾里流出来的时候,村口的池塘便盈盈地绿起来了。池塘绿了,池塘边上那棵老榆树也便再耐不住寂寞,在风中摆摆,在雨中摇摇,枝也柔了,叶也绿了,看看池塘中那着了春衫的影子,十二分的潇洒和年轻呢。

老榆树是家乡父老们最尊敬的长者,谁也说不清楚它究竟有多少岁了,祖父在世时曾言,曾祖带他们来关东的时候,这棵树就这么老,树身盈丈,树冠如篷,就是全村子的人都来乘凉,那片树荫也能容得下,人们尊敬它不仅仅因为它老,更多的大抵是对它赐福于人的感激呢。听老辈人说,相传光绪年间山中大旱,土石生烟,草死苗焦,人们跪拜山神,山神不应,跪拜土地,土地不灵。以童男童女做供在龙王庙前大祭,老天仍没感动。后来一位老奶奶抱树哭诉,泪洒树身。奇怪的是顷刻间树下生风,云起树冠,遍野甘霖。这一年山中许多村落颗粒无收,唯独我们这条沟畜旺粮丰,由是,这老榆树被乡民们尊为“神树”,就连树上的乌鸦也被视作神灵。

当然,这只是个传说,因为村中最老的长辈也只是民国人物。但是,老树施福于民却是我亲眼所见。记得在我很小的时候,正赶上我们的国家内忧外困,物价上涨,米贵如金。那一年,似乎冬天还没有过尽，家家户户就断了粮食。到了春天，更是炊烟日少，是这棵老树救了全村人的命。那一年树上的榆钱似乎特别多，人们捋了一遍又一遍还是捋不净。有时头天晚上眼见钱叶全无，可到了第二天早上又是满树碧绿和浅黄。那一年，邻村里有不少人吃野菜、树皮送了命，只有我们村的父老们保得了平安。

我在家乡的时候，老树也曾遭过一次劫难。那一年村里来了两个年轻的工作队员，他们听说树能“显灵”就联想到阶级斗争，说这是封建迷信。“一棵老树有什么了不起？明天我们就把它砍了，看它还灵不灵！”村民们听了便奔走相告，他们劝说，这树不能砍，它是我们全村人的救星。可工作队还是弄来了斧锯。见这情形，有位远房婶娘就躺在了树下，接着又跟上来几十个后生。人们里三层外三层把树围个溜严。也许是受了这场面的感动，也许还有别的什么原因，工作队没再砍树，第二天便拉走了行李。

现在想来，老榆树未必真有什么神灵，这只不过是乡亲们的一种愿望和寄托罢了。人心向善，所以也希望这世界上的一切都是美的。

故乡的柳

春来三月三
春风又在柳丝上缠
缠上层层绿
缠进丝丝暖
缠得柳丝柔又软
割回来编新篮……

十年前，我写这首《编篮歌》的时候正血气方刚，见人家读书便拼命地读书，见人家作诗便悄悄地藏在寝室里作起诗来。人家有朋友的写情写爱，咱光棍一条，写啥？于是便想起家乡的柳树来。这斩不绝烧不灭的柳，不仅仅是山里人的风景，也是山里人身上的衣口中的粮。记得有这样一首民谚："家有陈粮八斗，不如门前插柳。"可见柳的珍贵了吧！柳叶可以当柴，灶上有米灶下不愁；柳条可以编织，什么筐啊，篓啊，就连小孩子睡的摇车子都是用柳条编成的。听说近年来这编织的手艺更神了，人们不单是编家用，而且还把柳条编成工艺品，东渡大海西跨大洋，壮国家的门楣，赚外国佬的实惠。前些时，听来省城开劳模会的五伯说，村子里这几年光靠柳条发家'成了万元户的’就有好几十家呢。

但是，我今天在这儿说柳，可不是因为五伯说到的钱。我在乡下的时候，柳编的目的不是为了赚钱。会编织就表明你是正儿八经的庄稼人，不然会被人瞧不起。所以，男孩子到了十来岁，就要白天里跟大人去割条子，晚上在煤油灯下学编织了。学柳编一般都是先学编筐，一种简单的筐，庄稼人叫它土篮子。待手熟了，就开始学编花篓。这种家什是用来装毛柴的，花样很多，学起来就难些了。会编花篓就可以学编细活。至于细活的种类我就说不太清楚了，父亲在世的时候，也曾教过我几手，可因我离乡已久，现今早已忘了。

在家乡，每当柔柔的南风吹来，柳条儿就悄悄地绿了。柳条儿绿了，鹅黄色的“毛毛狗”就从那绿色中钻出来。这毛茸茸的小东西像怕人似的，先是探头探脑，继而左顾右盼，最后便大模大样的了。这时，孩子们就从土屋里跑出来，折下当鞭，或者当马。有个成语叫青梅竹马，而在我的童年就可以改为“青梅柳马”了。“毛毛狗”大了，就有嫩叶儿出来，耳朵似的。这时的柳条儿对我们就更有用了，因为它不再护皮，折来可以拧“叫叫”了。叫叫一响，大人孩子一齐忙，耕田的耕田，玩耍的玩耍，真是其乐融融呢。

写到这儿，我觉着还有层意思应该写出来，那就是柳的品格。不知道能读到我这篇文章的朋友们注意过没有，我家乡的这种柳树十分像我们乡间的父老呢，它们从不斤斤计较，从不牢骚抱怨，栽哪儿长哪儿，随遇而安。插在房前，给夏天增一片阴凉；插在屋后，给冬天添一道屏障；插在田边，就为庄稼挡沙；插在水畔，就为江河护岸。这是一种多么高尚的品格啊！

为父者言

小时候最向往的就是有一天自己能当爹。爹是什么？爹是高高大大的树，让家里所有的人都躲在它的树荫里乘凉。爹是厚厚实实的一堵墙，挡住雨也挡住风，让小屋永远做着温馨的梦。爹是老虎，是狮子，是吼一嗓子就能镇住一切的神。

可真的当了爹，才知道爹的威风只是一面高高挑起的旗。那面旗的后面还有那么多辛酸、烦恼和无奈。当了爹就免不了要当搓衣板，洗尿布不说洗尿布，美其名曰洗“万国旗”。当了爹就得当小保姆，当厨子。总之，就是一句话，想当爹就得没脾气。

千辛万苦挨过一年，看着水水灵灵的小东西，心里也顿生几分惬意。心想儿子一张嘴，冲他老爹辛苦的份上肯定会最先叫一声爸爸，可一张一合之后，什么都会说，就是不会说爸爸。不叫也成，反正谁也不会从字典里把这两个字给抠出去。今天不会叫，明天总会叫，说不定会叫出点花样来。不叫倒好，叫了爸爸后扔了所有玩具。什么小兔小鸭小公鸡，皮球娃娃照相机。只要一样，那就是爸爸。坐在胸脯上，胸脯就是芳草地；骑在背上，当牛当马也当驴。床上骑，地上骑，家里骑，街上也骑……

再后来的日子，就是你写字他要写字。为他准备的纸笔他不用，专抢你的笔在你的纸上涂来涂去。有时刚刚抄完一页稿子，转眼间就留下了他的笔迹。画个圆就说是太阳，画条线就说是海水，还拽着你的耳朵说：“宝宝画，宝宝画。”你说气不气人。你打他他就去告状，且一告准赢。轻则收去你的纸笔归他所有，重则暴风骤雨满天霹雳。你吵，他就大哭。末了，娘儿俩摔门而去，还甩你一句：“不就是一篇破稿子吗，有什么了不起！”

上学了，按理说总可以松一口气。可他问你：“人家的爸爸都去接送，你为什么不去？”是啊，人家都能接送，咱有什么理由不去？人家有轿车咱有自行车。有风迎风，有雨迎雨，赶上大雪天儿，还得早早地站在校门外，宁肯咱等儿子，别让儿子等咱，如果冻坏了，那还了得？送完一年级送二年级，送完二年级送三年级。到了四年级不用送了，又来新的问题。今天参加这个班，明天参加那个赛，花钱倒是小事儿，可天晚了总得去接，路远了总得去送，谁能放心让孩子独来独往。最难办的是他的“理论”越来越多，比如学习不能太累，死做题不利于开发智力，所以每天必须保证有时间玩、有时间休息；比如多吃水果有益健康，冬天多吃香蕉，夏天多吃雪梨；再比如打电子游戏能锻炼思维，绝不亚于做任何智力习题。你说没听说过，他准说你是“土老帽”，过时的脑袋怎么能认识现代的问题？

说起来这还算好，最可气的是他的生活绝不允许你的干预。他想玩便玩，想走便走，你若不许，你就是不民主，你就不是一个好爸爸。他想看书你就不许说话，他想写字，你就得把桌子让给他。他想郊游你就得陪伴，他想吃啥你就得立马去买。现在看来，爹已失去了所有传统意义的优越，确实难做了。

师范四百天

这是县城里的最高学府。据说，当我以婴儿特有的方式在大山里向世界宣誓的时候，它正挂鞭剪彩。看来，我这辈子进这所师范学校学习原是有缘分的。不然何以这么巧呢？入校的第一种感觉，是这所学校的容颜和它的年岁有些不符，二十岁当是血气方刚，风华正茂，可这座县城里可数的灰楼，看上去却有些韶华已逝，老气横秋了。凹字形的楼体，呈半封闭状，开口处恰有一栋平房，走进去便顿生几分压抑。住进之后，才知道这里原本并非学校，而是日伪时期的县警署。楼系日本人为统治中国人所盖，难怪有一种阴森之气呢。

学校的设施非常简陋，除一个杂院和一座小工厂及食堂，不足三千平方米的二层小楼便是它的全部财产了。二楼是教室、办公室和图书室，一楼是学生宿舍。男左女右，中间被几间办公室隔开。宿舍是上下两层可住几十人的大通铺，皆为木板架成，上去用梯，下来用梯，一人上下全铺皆吱吱呀呀地响。如果夜深人静有三五个上下者，三四十人便要咕哝个不停。最不方便的是上厕所，因为楼小，水房、食堂、厕所全在户外，夏天还好，到了冬天便有些吃不消。好在来这里读书的大多是乡下孩子，从小就练就了抗风的本事。所以，偶有哪位城里娃喊冷，大家就会一起说这娃长得娇。说者理直气壮，被说者却脸儿绯红，好像真个被人给说中了似的。但他们还是不改，故而走廊里是常常有人喊臊。学校知道了就派学生会干部来抓，可又总是抓不到。有时候还在抓的当儿被污物脏了脚。后来就开大会，说男生宿舍的走廊要搞承包，谁的门口有味儿就找它的主人，说不清楚就扣去当月的伙食费。这一招还真灵，走廊从此变得干净了。可寝室里却开始了新的故事，有人早晨起来发现脸盆里有尿。这件事传来传去传到了女生那边，原以为会一片哗然，不曾想却无任何反应。有好事者前去探个究竟,原来这在那边早已不是什么新鲜事了。

入学时正是春天，有苦苦菜悄悄地长到宿舍的窗下；一场春雨过后，不光绿得鲜嫩，而且还有几株开出几朵淡淡的小花。我上小学的时候辍学放猪，刚上中学又安排父亲丧事，书虽读了不少，但汉语知识却是极差。当时师范中文科的学生大多当过中小学民办教师，在基础知识方面都可做我的老师。上课第一天，一位姓陈的先生就突然袭击搞了个测验，成绩出来让我有些无地自容。因为在此之前的开学典礼上，我曾代表新生高谈阔论，虽不是妙语连珠，却也是言惊四座。在我离开话筒的时候，听正式高考入校的男女生们议论，这考试来的和推荐来的就是不一样。之后几日自然是声名鹊起，投来的多是艳羡的目光，很快就成了校园里的“名人”。可这一张白纸一下子把光环全部遮去，卷子收去，我不敢抬眼，似乎一时间矮了人家半截儿。下了课，饭也没吃就钻进了宿舍，眼泪几乎在开门的同时簌簌落下。这时又有人回来，为避人眼目，我破窗而出，扎进一面是院墙一面临窗的胡同。那个中午阳光很好，看到那些野菜和小花，心里生出一种莫名的舒畅，我择了一块空地坐下来。直到汉语过关考试上升到与文选、写作的水准，几乎每天都来两趟。那片空地上写下了无数遍小学时就应学会的拼音字母，那面灰墙上也印留下我无数个不可告人的心事和梦想。记得我还摘过一朵野花夹在一本汉语参考书中，后来，书被一个女同学借去，差点被演绎出一段故事来。

从宿舍到图书室八十步，从宿舍到餐厅一百二十步。图书室在楼里，餐厅在楼外。但餐厅必须常去，而图书室却不可以常去。那时，图书室里的图书也不过万八册。外加几十份报刊。借书的人多，可借的书少。来阅读的人多，阅览室的座位却很少。一般来说，去晚了基本是看不到书的。管图书的是一个高高胖胖的老师，说起话来极其挖苦和严厉，大家背地里都骂她是“母夜叉”。那时确乎只有周三、周五的下午才允许学生借阅，其余时间只对老师开放。有一次有几个高年级学生和老师一起进去又一起出来，我们以为她改变了政策，便大着胆子闯了进去，不想又挨她一顿呵斥。我们与之理论：他们可以我们为什么不可以？她说他们是他们，你们是你们，你们就没这个资格。我说那好，是你定的还是学校定的？她说是她定的，你能怎么着？我们就去找校长，这一找，还真就起了作用。后来晚自习便也可以去胡乱翻上一遍了。为这，她对我十分憎恨，可渐渐发现我只是为了看书，并非对她抱有成见，便改变了看法。且每天都在那里为我留一个座位，这使我感动不已，常常在闭馆时帮她干活。如果问我，在师范学习期间什么是最大的收获？我可以肯定地说，这就是最大的收获。每天平均上课五小时，做作业两小时，在图书室里却要泡上五六个小时。忘了是谁说过读书不是目的的话，我看是有道理的。那时也真没有什么目的，只觉着自己的脑袋很空，于是就什么都装，从文学名著到古籍典章，凡可猎之物，皆入眼囊。十几年后，才觉得那些日子尽管匆忙，但没有白过。那间小小的图书室，更将是终生难忘。

当学生的日子，最盼的是开饭，最怕的也是开饭。那时师范是供给制，每月每人发十三元五角的伙食费。每月三十斤定量粮中仅有五斤细粮。一般情况下，每周吃两次馒头，一顿大米饭，其他的便全是玉米面和高粱米了。吃细粮的日子就像过年，早早去排上队，准备好带有特殊标志的细粮票。有时不等打完菜四两馒头已经下肚，只好再清一色地吃菜喝汤。每逢这时，那些有道者便打女生的主意，三套两套的就套来一个，末了自然少不了挨骂，但得了口福，似乎挨骂也值。我有一位大我五六岁的师兄，那时可谓是校园一宝儿，平素里常和食堂的师傅们说笑，到吃细粮时更可显出神通，不但自己多吃，我们几个兄弟也同样可得一饱。他先是买了自己的一份儿，过一会儿，再去与师傅们硬泡。不是岳父光临，就是小舅子造访，再不就做出一副可怜相。师傅们取乐，他取实惠，端回来大家围抢一场。那份兴致，至今想来仍令人向往。那时候，不是我们这些人吃不得苦，大多来自乡下，若不是上学，恐怕这样的饭食也吃不上呢。但是人离家在外，总会多几分感伤，更何况常年的白菜汤、菠菜汤、土豆汤，谁能扛得住这三汤穿肠？所以，有许多人得了胃病。我能幸免，大抵是我生不择食，借了口壮和苦底儿的光。

从上学到毕业，我们在这所学校待了一年零三个月。去掉两个假期，整好四百天。这四百天让我重新选择了一条人生的路，可以说这所学校是一个新的起点。转瞬之间，我已离开它十几年。十几年中，说不清遇过多少坷坷坎坎。但我信奉这样一条格言：苦到不觉苦时苦亦是甘，难到不觉难时难中再不会有危险。这是生活给我的启悟，同时也该归功于让我学会思考和忍耐的那四百天。

楼中猫鼠记

楼中有鼠，楼中人早已不以为然了。

这是一栋老楼，上下两层几十个大房间。先前曾有一些讲师、教授和中层领导住在这儿。现在知识分子的地位高了，学校的条件也好了，这楼便成了“杂家”：年轻的职员、后勤工人、外地来进修的单身汉子都聚在这儿，我们便是这最后一类了。

过日子少不得破东烂西，室中狭窄，自然都堆在走廊里。缸缸瓮瓮、坛坛罐罐，零散家什煤气灶，痰盂便桶拖布杆儿，晚上再推进几台自行车，便腿难迈，脚难抬了。楼道里有放盆放碗儿的，也有放米放菜儿的，冬日到来，门也闭了，窗也关了，一到饭时便云缠雾绕，五味俱全了。

邻室的大娘在时，曾养得一只很漂亮的猫，雌性，不大，一身油亮亮的绒毛儿。老人叫它欢欢，我们也叫它欢欢，楼中的孩子们跟它玩，大人们也跟它玩，欢欢还真会讨人喜欢哩！可因为欢欢却惹人不快了，我们也便再不能见它。那是秋天，欢欢每个晚上都叫，“喵儿喵儿”，常常是一叫半宿。我们以为它病了，便对大娘说：“怎的不去给它看看？”大娘只是笑，原来欢欢到了恋爱的年龄，那是在呼唤“情郎”呢。第二天早上，楼里便有人嚷了，骂得真难听啊，大娘的儿媳妇听不下去，便回屋里偷偷地哭。大娘一气之下便带欢欢走了，她说城里人不如乡下人好，太刁蛮了。

欢欢走了，老鼠便乐了。不知道它们从哪儿一窝蜂地搬进楼来，起先只是在夜里活动，后来白天竟大摇大摆出来，好像走廊理应归它们所有。饿了，便大吃大嚼；乐了，便大喊大叫。有时夜里竟能叮叮当当、吱吱哇哇把人吵醒呢。这时人们便想起欢欢来，悔不该把它赶走。可后悔有什么用呢？欢欢不知在乡下生了多少儿女呢，它永远不会到这儿来了。

鼠多了，人们也便习惯了，把一些值钱的东西挪进屋里，门外的事儿就不再管了。我们是寄身人，身边除了书籍是没有东西的，鼠自然就更不关我们的事了。可事儿也有凑巧，那一日竟有只小鼠钻进我们的屋来。先是在地上窜来窜去，之后就不见了。B君关好门，我和A君各操扫把，可那小东西怎的也找不着。后来，我们把床挪了，它竟鸟儿似的贴在墙上，一帚打去它却溜了。我们又追，它又藏，大抵有三个回合，我们竟被它累得满头大汗了。室中无缝，它是走不脱的，我们便坐下来休息。之后B君提出“水攻”，我们欣然答应。于是便一个操起热壶，两个驱赶，不多时鼠至水到，它再也逃不脱了，在水中挣扎片刻，便动弹不得，奄奄一息了。

扫出死鼠，二君携书去了，我忽然感到那鼠可怜。想它刚来世不久，只因误闯室中便一命呜呼了。若它也像父辈那样，只在廊中横行，又怎能遭此横祸呢？楼中人大都聪明，鼠亦狡猾，独这小鼠太愚蠢，我也太多情了。

别了，老屋！

说是老屋，其实不老，屈指数来，它还不足十岁哩。可在我们眼中，它的确寒碜得可怜，在一幢幢高大的新房之中，像一只蜷曲在骆驼足下的老羊。砖石褪色，门窗的油漆片片脱落，就连玻璃也似乎不如从前那么光亮了。总之，我们就要离开它了，我怎的也寻不回当年住进时的快活劲儿来。

那是一年夏天，我们的蜜月还没有结束，学校的后勤主任就来驱我搬家。因为我们的“洞房”是教师的单身宿舍，眼下暑假已尽，就要开学上课了。我在这镇上又举目无亲，可往哪儿搬呢？新婚的快乐立即荡然无存了，妻见我如此愁苦也潸然泪下。

翌日，岳父来了，妻竟将夜里的话一一说了。老人沉默良久，试探着对我说：“自己盖吧？！”“盖？”我诧异了。心想，一无钱，二无地，到哪儿去盖？“到我的院里。”见老人诚意，我们自然高兴。于是便借了些钱，买些砖石，自己动手修起房子来。地面不宽，我们的房子便也不大，去了厨房，不足十个平方米，东西难盈二米，南北却很狭长，活像一只火柴盒。可这是自己的啊！不等墙皮干透，妻便张罗着搬家，我永远也忘不了那一夜，好像那一夜生活才真正地开始。

教书的人学生多，做文章的朋友多。我既做文章又教书，客人自然比别人多。妻很好客，常买些烟茶备在家里。朋友们来了，谈得亲热，喝得身暖，常常来时脚轻，去时脚重，真有些恋恋不舍呢。每至于此，我便想起《陋室铭》来："斯是陋室，唯我德馨。"妻笑我痴，我却自以为得意，每每薄酒素菜尽欢。

可随着儿子降生，书籍增多，这屋子便越发显得小了。常常三五好友同至，便要有坐有立，儿不能下地，妻不能进前，独我做侍，烟多茶少，霎时便云遮雾罩了。妻说："若有一间大点的房子就好了。"我也常这么想，可不能这么说。学校里的元老们还有寄人篱下者，谁知我辈何年何月才能分得房呢？我便对妻说："知足者常乐嘛！"她只是苦笑，我心里很是不安。

四年过去，我们真的分得了房子，里外两间，四十平方米，虽说比不上人家的三室一厨，但比起我们的老屋来，毕竟宽绰得多。搬家的车来，朋友们将我的书一捆一捆地往外扛，差不多占了半个车厢。一切停当，车便要开动，这时却不见了妻子。我去寻时，她正在空屋里站着，眼睛潮湿，像刚刚哭过。是为这老屋吗？我的心也酸楚起来。外面又有人叫，我们只好上车。

坐在车上，妻默默不语，我的心也总离不开那间老屋。为什么呢？我说不清。没有新房时，常常盼着离开它，真的离开了，又有些不忍，好像有什么东西还留在那儿，是什么呢？我又说不清了。

我可爱的老屋啊，孕育了我聪明的儿子的老屋啊，充满过爱和友谊的老屋啊，和我们同苦共乐的老屋啊，别了，别了……

无名居散记

书痴居志

古之富学者曰书仓、书巢、书库。今有好书但学不富者，自号书痴。书痴有宅，不敢称斋，不敢称馆，亦不敢有名，故以“无名居”号焉。

无名居在小城西南。

小城有名，梨树是焉。城西而南有河西过，此乃无名河是焉；河阳树茂，有村舍隐然。村长逾里，梯状南延。村中大多新型瓦舍，红墙青顶，等距毗连。此乃无名村是焉。无名村本无村，原为一片荒野，早年曾有坟冢没于草间，后来征为庠序之用，辟之为校田。此处田肥禾壮，种谷得谷，种豆得豆，于是就让人忘了它的当年。再后来城中人多地少，于是便有人在这里造宅围园，久而久之，集宅成村，但有村无名，且村中之民多认那位周游列国的孔老夫子为事业的祖先。

无名村北距河百步，有木篱柴门小院一座，此乃无名居是焉。无名居主年方而立，常常自诩与笔墨投缘，兴来则信手涂鸦，书之画之，状如癫憨。书毕画毕，上墙自赏，时而拂首窃乐，时而望纸兴叹，之后或挂之数日等友人品味，或愧而生怒化之为烟。

无名居主书癖甚重，每遇心爱之著从不问钱，他曾两度进京，醉心于山水名胜，更迷恋于书摊书店，有时竟倾囊狂购，回来时掏不出归途的车钱。他人痴书杂，亦古亦今亦中亦外，三教九流，五行八类，良莠俱全。柜中、架中、桌上、床上，随处皆是，就连睡觉，也须搂书才能酣然。为此妻曾愠怒，骂他为书痴、书癫。

无名居主亦喜胡诌，长则为文，短则为诗，梦中得之披衣夜起，路上得之签而投囊。每每亦作孩童之气，书以离奇古怪之语，不知那些掌了生杀文字大权的编辑受了他什么贿赂，竟在才子如云的情形下，让一个书痴混去那么多酒钱。这家伙喜酒而无量，会友必饮，饮则必醉，醉则必酣，酣则面红耳赤疯疯癫癫。

无名居最热闹的时候是文朋诗友、墨客骚人推卮轮觞，无名居最冷落的时候是主与妻各客一方，此处只余一座空房。

书痴为谁？笔者自戏耳。

茅屋为秋风所破歌

牛年菊月，刮起了罕见的西南大风，风起四五级，渐而六七级，到了正午时分，竟刮得人不能直立、树呜呜作响了。

我的宅前有两间茅屋，不高，平顶儿，是不久前朋友们帮我盖的。一头储煤，一头盛装破烂东西。屋墙一色红砖，屋顶油毡压茅，盖时朋友们曾建议茅上抹些泥巴，我一笑置之，蔑视他们不懂美观，便在油毡接头处摆一行整砖。红边黑地，在外面一看，好不周正的一个压扁了的“目”字，行人称妙，我更自为得意。

我的东邻住着一位乡下来的大嫂，人很瘦小，因为不知道她的名字，便背地里叫她瘦嫂。瘦嫂的丈夫不在家，又养得一条很厉害的狗，人们便很少和她往来了。我的西舍是一位机关干部，三十多岁，也略懂得一点文章，我们常以同行相称，来往便渐渐地频了。我好酒，他亦能饮几杯，有朋友至，便常常相邀，他并不推辞，痛痛快快地来了痛痛快快地喝了，我嘉其实在，便更亲近他三分。

大风起时，我正在室中写字，儿子报告说，小房起了大包。待我到时，风已将油毡掀起，像一面黑旗呼啦啦地摇着。砖石四散而飞，眼见得就要掘出茅草，我拼命地捂压，可无济于事，霎时便急出一身冷汗了。妻在房下手足无措，儿竟吓得哇哇地哭了。哭声惊动四邻，有的扛着杆儿来，有的抱着石头来，那瘦嫂竟将一对老式板门也抬了来。独那文朋酒友开门望了一眼，便缩回去了。送走诸邻，我忽然自惭起来，悔当初不该不听朋友们的话，只注重外表华丽，而忽视了茅屋的质量；悔自己这写文章的人太不识人，那瘦嫂，那不知名的少年，那剐破新衣服的老伯，他们都与我非亲非故，却在危难时伸出援助之手，让我好不感动。

过去的一年

去年元旦的时候，我曾为自己摹制了一幅中堂。我说摹制是因那形式是现成的，而且我还步了原韵。见那中堂大抵是在王兴先生的桌子上，为一农民书家所作，可惜我忘了他的姓名。总之，我看了很是喜欢，于是就从那张报纸上抄录下来，回来摹制了一幅。其词如下：

柴门小院瓦屋二间
居简住陋不觉寒
一张方桌摆纸砚
书作方塘笔耕田
日夜种作
人世忧乐在心间
朝也欣然
暮也欣然
喜来饮酒
愁来吸烟
与儿玩耍返少年
愿得清闲
难得清闲
兴起夫妻话灯前
说古道今
你争我辩
恩恩爱爱情绵绵
终生安乐
胜做神仙

可惜因为字丑一直未敢出挂，在我的方桌下一“睡”便是一年。今日打开观看，不禁为这带有禅味的幻想而哑然失笑，因为这一年的踪痕与之悖谬得已经太远了。

方塘笔耕倒是做到了，却未能日夜种作，大多的时间荒于烟茶与酒，人世忧乐虽时有感触，然而心却木然。所以文章做得枯燥，诗也写得极少，实在是朝也昏昏，暮也昏昏，稀里糊涂混过了一年。

与儿玩耍不要说，就连说古道今也已经不可得。因为妻在他乡求学，儿在异处寄养，三口之家分居三地，非但做不了神仙，而且是一夜之间便沦为单身汉了。

这一年最大的收获莫过于文学界师友们给我的鼓励。先是《作家》《关东文学》专辑介绍，之后又开作品讨论会，最近在评奖中，又因错爱而跻身于师友之中。想来真有些惭愧，故作这篇小文，以总结过去，迎接明天。戊辰元旦识之。

无名巷

无名街上有条无名巷，坎坎坷坷的路，高高矮矮的墙，说谷就像谷，说峡就是峡，一里多长却只有一米多宽，如果有人推着煤车从一端走来，迎面的人就得虫子般贴在墙上。巷中看不到绿色，一面是前栋房子的后壁，一面是后栋人家的院墙。墙分高矮，参差错落，大多砖头瓦片镶嵌，灰的土灰，红的土红，好不扎眼。只有巷口站着一棵老态龙钟的垂柳，柳下还蹲着一只石狮子。据说，这石狮子和柳树都是乾隆年间的遗物，那时，这儿是一个大户人家的外院院门。狮身如今已完全被土吃去，只剩一个脑袋露在外面，虽然张口瞪眼，可早没了当年的威风。

无名巷风风雨雨几十年，出出进进几百家。早先这儿的住户有干部、工人、司机、医生……三教九流，五行八业，应有尽有。现在却不同了，整条巷子都归老师们所有，清一色受人尊敬的教书先生。所以有人曾给这条巷子起了名字叫“教育巷”，可这个地方，除自来水公司一年收一次水费，供电所三月收一次电费，“爱卫”主任半年收一次卫生费之外，很少有外人来。结果这个名字便只有巷中人知道了。

无名巷中的人家大多住得挤，合起来不过三十平方米。且又都祖上有德，五十刚过便儿孙满堂。如今当老人总不像从前，媳妇进家，婆婆就得倒出大屋上小炕，社会皆然，人们自不会笑。当然，如有三儿两女，就又当别论，早早地攒上千儿八百，在瘦小的院子里压个偏厦，烟囱冒烟，房产就要来登记，万事人为，事先不走通好，占了地皮，盖上也得扒，不拆准挨罚。

无名巷中的住户大都有“一多”，那就是家家户户书多。大人的书，孩子的书，破烂箱子大纸盒，旮旯犄角到处是，说是书山书海也不夸张。但一般都不备书柜，一则屋里地方小，二则那东西价钱高。包子有肉不在褶上，读书人嘛，懂自尊也会自慰。贫寒不足耻，清高祖上之遗德，不是圣人操圣业，管他蝇眼看人是高还是低。无名巷的后生还真争气。赶上了好时候的，没给老子脸上抹黑，年年都有高校的录取通知飞进巷子来，鲜红的大印像一枚枚小太阳，照得整个巷子都生辉。

无名巷的人家都有“一怕”，不怕偷，不怕抢，就怕遇上连阴雨。先前的住户图方便，灰灰土土都倒在巷子中，日久天长，人长土也长，巷面快赶上房子的窗台高，每逢七月，未雨先叠坝，不然水进院子，院子就会变成湖。如果雨大，有坝也需常排水，不然水进屋里，屋地就变成水筐箩。这时节，家家户户男女老少全出动，脸盆水桶叮叮当当一齐响，舞台上看不到的这儿能看到，乐池边听不见的这儿能听见。苦在其中，乐亦在其中。

无名巷虽离正街很远，既无车马之行，也无闹市之喧，但巷中的消息并不闭塞，哪儿有什么新闻，哪家书店来了复习资料，哪个学校又有学生考进京……他们总要讲给巷口的老树和狮子听。当然，他们最关心的还是调资，狮子和树常听到这样的话题。巷中的夫妻也有吵架的，可从没见过大风大雨。巷中也有人爱发牢骚，骂某某当了官就不认老师和同学，骂某某官只会许愿不办实事；骂自己无能；骂世道不公……可骂了之后还是忘不了那堆作业本，忘不了为学生再编一套练习题。

无名巷最忙的时候算是早晨，七点半钟上课，学生要提前一个点到校，老师要提前半个点到校。五点钟就得倾巢出动，做饭的做饭，打扫的打扫。虽说是粗食布衣，但大人孩子都要吃得温饱，穿戴整齐。待一切收拾完毕便上路，用锁头锁起一个明明亮亮的早晨。

就这么一条小巷，至今还没有名字。听说政府正计划将这里的房子拆除，为教师建一栋住宅楼。相信，待楼竣工之日，小巷定会有一个漂亮的名字。

松青先生

松青先生，原名傅作凡。松青是他的表字还是笔名，我说不清楚。见到这个名字是在他还我的一本书上，那大抵是十二三年前，我们坐在一个教研室里。有一天朋友送我一套旧版翻印的《古文观止》，先生很是喜欢，借去翻阅。之后不久，我因公调出，先生便匆匆赶来还我那书，封套上便有了“松青借阅”的字样。或许这松青二字与平日了解的先生十分般配，故分别十几年先生的名字往往被忽略了，而记忆中常常出现的却是“松青”。

我了解的先生没有什么可以炫耀的历史。他出生在一个没有文化的地主家庭，刚刚记事关东军就占领了东北，成了地地道道的亡国奴。值得庆幸的是有位开明的父亲，读完私塾之后花钱把他送进县城的国立高中。受了几年奴化教育，吃了日本人不少鞭子和手板。但这并没有使他驯服，同辈人中有不少做了日本人的犬马，而他却在不肯“开化”不识时务之列。八一五光复，日本人在县衙挂出白旗，他和老百姓满大街放了三天爆竹，之后就留在县城里当了教书先生。

与先生相识，是我上师范之后，当时中文科设有六门主课，其中一门为古文（文学与汉语合一），松青即我的古文先生。起初这个干瘦的小老头儿并没有给我留太深的印象，只觉得他这个人不苟言笑，像先秦文章一样古板，但写得一手好字。真正开始喜欢先生，则是缘于一次突然袭击的测验。那一天，他走进教室就让大家收起讲义，默写前一天刚刚讲过的《阿房宫赋》。十几分钟过去，同学们都满意地交上卷子，唯我只写了“六王毕，四海一，蜀山兀，阿房出”十二个字。交卷时没敢抬头，心想，这一次肯定要丢尽了面子。果不其然，第二节课后先生就把我叫到办公室。先生脸上并无愠色，他平静地让我坐下，聊了一些与考试无关的事情。最后他告诉我，卷子答得虽然不好，但他发现我人很诚实，因为课上所有人都翻书抄录，唯我没动这份心思。他说学习就该如此，不然便是对自己不负责任。这使我十分感动，同时更叹服他的宽厚和正直。待后来我毕业留校，我们既为师生又为同事，遂成忘年挚友。

当时先生已早过知天命之年，但还住在单身宿舍里。他家住在乡下，一切由师母一人操持。先生每周六晚上回家，周一起早返回。往返无车又不会骑车，几十年如一日以步代车从不误事。我们住在一起后我曾问他，何以练得这般脚力？他说他在教师进修学校供职十几年，方圆二百里的县境没有他没踏过的地方。那时，他的家里只有他和他的二儿子是城镇户口，其余三子一女和师母户口均在农村，有人曾劝他找找熟人，花点礼钱来到城里，他连连摇头：穷教书的本来就什么都没有，难道连这一点仅有的人格也不要了吗？于是，再不敢问。

后来，我调到县里工作，又重上大学，继而又调入省城工作，和先生来往日少。但在心中却从未忘记过先生。1990 年我出第一部散文集，第一个想送的人就是先生。先生看到后很是感动，读后写了一封很长的信，除了祝贺和鼓励，更多的是教诲。后来我走上了领导岗位，先生还是常常教诲，告诉我不能多吃多占，要为百姓当个好官，要谦虚谨慎，不能忘本。每每想来，十分感动。

先生现已退休在家，师母也由乡下搬进了县城。先生说这多亏了党的政策，不然恐怕就只好告老还乡啦。我真心祝愿他晚年幸福，祝福这位正直坦率的老教书先生如他的名字一样，生命之树永远常青。

法 帖

几年前我曾得一本宝籍法帖，是嵇康的草书《养生论》，阴刻线装，古香古色，字如飞蛇，书如玉枕，让人好不欢欣。那时我正在教育局当业务干部，因为公务来到百里外的小镇中学。学校依山傍水，后有石壁，前有池塘，校舍是古时的一座寺院。原来的墙壁上有书有画，据说大多是名人的手笔，可是岁月无情，现在只有院后的一块石碑存留着当年的墨迹。

我到这所学校的时候，接待我的是一位大胡子长眉毛的老校长，他也是这县里有名的书家，作品曾上过大展。听人说新中国成立前他曾在北京长安街上卖字，一天写了半刀纸，光研墨就用三个书童。见面后我问他可有此事，他说那是他自编自讲的笑话。那日酒后我们在他的书房落座，一边品茶一边谈书。他说他不喜欢宋代的苏、蔡，认为他们的字少刚多柔。他喜欢王羲之、赵孟頫，谈至兴起时竟铺纸揭砚，转瞬间写就一幅草书，是嵇康的《养生论》。我问他此字何来，他得意地一笑，从抽屉里拽出一本宝籍法帖来。我看着爱不释手，竟大胆地提出要把它带走。因为我在局里他在学校，也因为我们谈得投机，老人家先是摇头，后来便满口应允，但有一个条件：半年后必须归还。

半年后我进了一所成人大学，因为学习和文章压得太重，关于法帖的事便忘到脑后去了。那本《养生论》一直放在家里，妻不摸它，儿不碰它，待一日我想起它时已经蒙了尘土了。我曾意识到自己失信，便到局里找人捎去，可听同事们说老人家已经退休，于是便作罢了。“把书借给别人的人是疯子，借书又还的人是傻子”，记不得这是谁的名言，今天对我却有启示了。

去年我又回到县里工作，有一天，一位叫大成的小伙子来找我，说是老人家的爱婿。听到是老人家我自然要多一分热情，我问了他老人家的近况，小伙说每天除书即墨，今天就是要他来取那本宝籍法帖的。他说那帖子是老人爱物。我听了好不感动，可法帖已被朋友硬性借去，真是无地自容。我让小伙子给老人家捎话，说过些时日我一定要回来送还。

不想我那位朋友也与我一样失信，竟让老人家亲自跑上门来。我原想他一定会和我发火，可他还是三年前那等幽默，他说他来看病，一进城却先想起了我。他说他无事就在家练字，一提笔的时候想起的也是我，因为想到我便想到了宝籍法帖。送走老人，我的心里很是空落。我是用我的无信伤了老人的心。在一般人看来，那法帖不过是几页发了霉的旧纸，可对于他却如同生命一样宝贵啊。

鸟 祭

为小鸟写一篇祭文，听起来实在有点矫情的感觉。但这一念头确实在心中萦绕了好些时候，直到仰在床上写这篇文字，心情还是十分沉重。鸟是这世界上一种极富灵性的生命，这不是生物学家的定论，而是我多年来的一种体验。我出生在黑龙江省龙江县的一个十分偏远的山沟里。在少年眼中，山与时变，鸟因山异。给我印象最深的是春天里从南方徙来的候鸟，品类之多，体貌之奇，实非山中雪鸟、铁鸟之类可比。这些远客来到北方似乎什么都觉新奇，或栖于树，或翔于天，影儿在哪儿，哪儿就一片鸣啭。记得那时，小孩子不识鸟之快乐，只觉得它们好玩，以粘网粘之，以扣网扣之，只知人之乐，不知鸟之悲。一次我用扣网扣住一只红头白颈蓝翅黑身的奇鸟，不舍耀于人前，便宝贝一样藏进口袋。心想，回到家里准可赚来一家人的欣喜。可是刚刚放之于室，那鸟便横冲乱撞，顷刻间气绝身亡。

那是一个中午，我哭得十分伤心，那以后，我对鸟有一种特殊的期许，希望它们能自己飞进屋来，把我当树，落到手上，而绝不采取任何暴力去剥夺它们的自由。可这世间懂得我心思的鸟总是有限。我由人子升为人父，仍未见一只鸟儿来满足我的心愿。尽管如此，我对鸟儿富有灵性仍确信不疑。有一位搞生物研究的朋友，他花了近二十年的时间，专门研究鸟类的生活习性和语言。他说鸟最善表现内心的情感，喜悦时声音为叫，愤怒或恐惧时为号。

离开山里二十几年，在都市里除公园外很难见到鸟。那日逛街，偶于市上见一老妇卖鸟，心中顿生稚气。上前询问，讨价还价，一元一只，买了两只。为儿子讨一份天然，也是为己讨一份天然。鸟儿进家，儿子高兴，我亦欣喜，于是一起用纸盒为其营房造屋。待一切安顿妥帖，又命儿子买回一些小米儿，用茶碗充作水具，用盒盖当作米碟。可遗憾的是鸟不领我父子情，亦不知我父子之乐，一夜竟自舍世而去，让人好不悲伤。送走死鸟，心情异常沉重。由鸟及人，竟想了许多。崇尚善良、追求自由本为一切生灵之天性，人为剥夺岂有不愤之理？鸟儿刚烈，失去自由即以生命抗议。那么人呢？

秋声新赋

坐在秋日的窗下，看落叶飘成一枚枚叮当的金币，心中有一种说不清的怅惘。秋天到了，田野里的稻谷低下头颅，似在反思从春到夏的浮躁，果树则轻摇硕果，沉醉于丰收的喜悦。可自己呢？走过人生三十几个春秋，竟然一无所获，想来真有些对不起这新来的秋天呢。

按照命运的安排和祖上的遗禀，也许应该进入白领阶层，可来到世间偏偏喜欢胡思乱想，不通文墨，爱之若狂；不通官事，混迹于官场，鬼使神差地干上了本不属于自己的行当。梦中醉于酒，醒时酣于书，闲来信手涂鸦愉悦自己，忙时装腔作势贻笑大方。如是，亦当知趣，可那颗不安分的野心又常常狂跳。无能时逞能，烦恼时装笑，人前一副模样，人后又一副模样，苦耶？乐耶？喜耶？悲耶？连自己也回答不上。

家师有训，坦荡做人，淡然处事，诚挚交友，认真为文，可自己真的做到了吗？扪心自问，亦不知是否愧对了先人。坦荡的时候往往被人视为痴傻，淡然的时候有人说你装腔作势，满腔诚挚换不来心灵的碰撞，认真为文，文章常违自心。呜呼，世界之大，宇宙之广，人心之诡，世事之杂，微躯何以慰藉血色的良心？

窗外有风声如欧阳之悲凉，仿佛要掠走我不定的灵魂。幸有热血奔涌如泉，传出一种昂扬的声音。生命本来属于赐予我们生命的世界,岂容轻薄的载体无谓地浪费青春？活着就不该辜负阳光雨露，勇于战胜自己也战胜困难的人才不愧为人。

在这天籁之声中，我的心一阵战栗，我已意识到自己是生命的罪人。鲁迅先生说，世界上本来没有路，走的人多了也便成了路。现在路在脚下，连坎坷都征服不了，岂不是太无能了吗？一位哲人还说，在这个世界上没人能打垮你，打垮自己的只有自身。那么如此作践生命岂不是一种大愚蠢？

至是，已没有理由再在痛苦中徘徊。推开房门，秋声有如响泉予我以清凉和甘醇，有一群孩子站在秋阳下微笑，我似又听到了自己童年的声音。啊，世界还是原来的世界，只是那个当年无忧无虑的孩子变成了一个忘记了快乐的成人。我多么希望他能在这秋天里找回自己，让生活在童稚的眼睛里多一分温馨。

身边的世界

有一首歌非常好听，其中有两句歌词很耐人寻味。歌中唱道："外面的世界很精彩。外面的世界很无奈。"其实，精彩是一种心境，无奈也是一种心境，这种感觉只有经历之后才说得出来。就像山中看景，没看的时候总想去看，可看了之后又总觉得没有想象的精彩。少年时不明白这个道理，总想着没见到的地方才算是世界，于是便漫无目的地疯跑。从十几岁涉足社会，跑了十几年仍然走在路上。现在回过头来看看自己留下的脚印，一串串连起来虽然很长，但仔细瞧瞧却都很浅。不要说一阵风来可以埋没，就是一阵微雨过后，也同样会是一片空白。这也许不是我一个人的体悟，在众多的年轻人中，我只不过是最最普通的一员，如果你和他们聊聊，大家一定都会有这样的感觉。

前些时候读一篇美国人写的短文，说他在23岁以前，一直对闯荡世界充满渴望。他幻想在一群群陌生人中出类拔萃，当然，更期望得到赏识和提升。可等待他的却总是不如意。所以，便不得不一次又一次更换环境。后来在去西得克萨斯的飞机上，他遇到了世界石油大王马里奥·艾格，一次意外的谈话改变了他的一生。这次西行他原本要寻找新的工作，可听了艾格的话后他改变了主意，又回到原来他厌倦了的公司，并开始用另一种态度来对待工作，对待同事和上司。后来他果真开始在这个岗位上努力，并很快得以提升。那么，在飞机上艾格对他说了什么呢？艾格说："外面的世界很大，机会也很多，固然值得去闯一闯。可是小伙子，你要知道，没有人会为你提供一切，在一个陌生的环境里，在一群陌生的人中间奋斗，存在的障碍比你想象的要大得多。你对新环境的向往实际上只是一种逃避，在新环境里同样会有让你感到熟悉的、令人讨厌的东西，那么你还要继续逃避吗？我们不能总在路上。小伙子，记住，重要的是闯你身边的世界。"

这的确是一段至理名言，读后不得不忖而思之。我们每个人都从年轻时走过来，每个人几乎都经历过这样的抉择。想想自己这半生也同样走了那位美国人的弯路。我从20岁开始就在一所中等师范学校任教，且是十分拔尖的新秀。可后来看到别人在机关里工作活得十分潇洒，我觉得自己所待的"院子"太小了。几经努力，也被选进了机关，又当上了后备干部，进大学再度进修，入党，又进更重要的部门。按传统，这样应该满足了，但实则不然，就像鱼儿一样，见过大海就觉得河沟太小，县城不想待了，又来到省城，从小机关进大机关，十几年中换了四五个岗位，每两年重新开始一次。可以说一直走在路上，每一步都小心翼翼，每一天都紧紧张张。虽然也得到了许多，得到提拔、重用，可是付出的又是多少呢？试想，若十几年来不改初衷专攻一业，在学校里好好教书，既无大成，也一定能够有所成就，不说著作等身，桃李满天下，谅也不至混到行无车、居无室、功不成、名不就的份上。搔首自叹，悔之晚矣。

其实，这世间的事本来也是如此。山有山的空灵，水有水的秀丽。能否驾驭，关键在你自己。只要你肯以挚诚之心干某一件事，都会取得意想不到的成功。事在人为，人为万物之灵，有什么不可驾驭？人在环境之中，环境为人所造。如不如意，为什么不去努力改变它？所以，我们还是听艾格老人家的话吧，全身心地投入身边的世界。教书安心教书，属文安心属文。只要心中充满爱，身边的世界也会同样很精彩。

半个作家

因为在报刊上发了几篇不痛不痒微不足道的小文，出了几本在现时没能造成轰动也不可能在将来永远流传的小书，常被一些人称为作家。其实，作家只是我18岁那年第一次发表作品时的一个梦，是被虚荣、被名利、被男男女女老老少少艳羡目光所拽动的一份痴情。如果说用十几年汗水和心血痛苦与欢乐换来的这顶虚无的帽子必须称作作家的话，那我只能勉强算半个作家。因为写作在我事业的集合体中仅占有很少很少的股份，写作之外还有许多作为作家不需承担的义务和责任。我自诩这是半文半政，朋友则谑称“水陆两栖”，想想，也对。

半个作家有诸多作家意想不到的艰难。作家大多不用坐班，起居完全自主，想睡就睡，想起就起。半个作家却绝对不能，在他那儿从不实行“自由时”。作家写作学习到月去领工资可以少为别的事情操心；半个作家却要于写作之外在班上8小时内做他必须做的事情，见一些想见或不想见的人，说一些愿说或不愿说的话，开一些必要或不必要的会，干一些可干可不干的事，等等，直到心疲体倦才拖着沉重的双腿踏进家门。但绝不能马上读书写作或仰于床上闭目养神，而是开灶生火或提篮买菜，与妻共忙，不亦累乎。

半个作家从无作家的那份潇洒。作家可以坐拥书城，在敞亮的书房里读心爱之著，怡心怡情、怡然自乐，可以伏身班台之上、埋头微机之前，随心所欲纵情千里，可以聚三朋五友品茗、谈玄论道，可以赴同道之约南船北马访胜探幽。然半个作家只能于政务之余闲暇之时翻翻书报，且不可明目张胆以防有不务正业之疑。只能于夜阑更深、妻安子静之后守孤灯一盏，半卧床头或向之一隅驰思骋想，将只言片语录于纸上。只能于工余班后三五故旧侃侃文学叙叙友情。只能借公出、会议之便看看真水拜拜名山。半个作家不能像作家那样不修边幅、无所顾忌，想说就说、想唱就唱、想怒就怒，且喜且忧放浪形骸。总之，不能这样，不能那样，必须恪守半文半政半个作家的种种“不能”。

当然，半个作家也有半个作家的好处，比如半个作家绝无圈里作家的磕磕碰碰，半个作家可不自视或不被视为纯粹的文人，和真正的作家相见，一声“老师”便天下相安。再比如半个作家写不出作品绝不会像工资作家那样遭人白眼。绝不用担心“某某真乃无能之辈，白拿工资徒有虚名，什么也写不了”的訾议。更不必为作品平平在前辈面前同道面前乃至学生面前羞愧万分。半个作家写作实乃业余爱好，成功与否尽在两可之间。成功了便会得到，“你看人家某某，同在宦途人活得精神事做得利落，还写得一手锦绣文章，拿工资拿稿费，何其有才何其可敬的”声誉。一旦不能成事，只消说句正事还忙不过来哪有工夫写什么文章？一言既出四座皆惊。啊，原来先生工作那么繁忙、岗位那么重要、前程那么远大，顷刻之间无不肃然起敬。

这里绝无对业余创作的侮谩之意。同好者若持异端，此文权作我的自画像可也。我事业余写作十又五年，诗逾千首，文字百万，先后出有散文、诗歌、童话作品20余部（册），可谓事有所成。然近来公务繁杂已感“钱郎”才尽，半年不曾写得公文之外的文章，恐这“半个作家”也是虚担其名了。

枕　书

去过中南海毛泽东同志故居的人，都知道他老人家生前有与书共眠的习惯。在我身边也有这么一个主儿，虽无领袖的知识渊博，却也学了伟人的习惯。独身的时候，半床衾枕半床书，一时曾成了朋友间的谈资。时光荏苒，那张床后来换了地方，那半床书也挪上了案几，放书的地方也变成了美人，书香变成了温馨，有朋友曾问："书与美人孰更可爱？"该兄笑而不答。

一日，新娘子回家省父母，三四友共聚其室，半卷衾头是枕，枕下皆书。友等以为是"新婚指南"之类，争相翻审，岂料竟是钱锺书、朱光潜、老子、庄子、韩非子，好不难堪。书主窃笑，曰："你等小人，只识姣，不识书，不可教也。"

十几年过去，想不到自己也染上这枕书之习。每每得心爱之著便随手压于枕下，待放了碗筷仰于床头或一觉醒来钻出被窝，抽出书来翻上几页，不计时间，不求功名，或前或后，无秩无序，且翻且看，怡然自乐。久而久之，亦得枕书之妙。

过去曾翻过一本什么书，名字已经记不得了，但内容大体是说人有"第七感"（不是说特异功能），可以潜在地发挥作用，就像鸡听了音乐可以多产蛋，猪常接触绿色可以长膘一样，人如果枕书而卧，梦中同样可以阅读。我枕书十几年，却不曾有过这样的经验。梦中尝与人谈过书中之语，言过书中之事，但皆为睡前过目使然，并非得力于第七感。

天津有位作家叫冯骥才，他也有一个习惯：摸书。他说，闲时从书架上抽下几本新新旧旧的书翻翻、看看、摸摸就是一种享受。读过和未读过的都是一样，读过的书诚如旧友，见了面握一握手，无言对望，有时比寒暄更能交流情感；而未读过的书，就像一扇门不轻易打开，让里面永远充满诱惑，更有一种神秘的快感。所以书有时未必非得去读。“人与书的境界是超越读”，这是他的名言。当然，我辈愚钝，对此还不能大彻大悟，但我确信，摸书和枕书的功效，绝不在读书之下，即由摸或枕而产生的愉悦感。

枕书者未必能得读书之要旨。我未得，我非治学之人，读书只是兴之所至。在外有一天的工作要干，回家有妻儿老小要想，且蜗居斗室，只有那半张床，一只枕头是属于自己的。若倒头就睡，夜里总会多梦。若卧而不睡，又会胡思乱想。如是，只好假于书，假于这位永远不背叛自己的朋友。翻时在枕上，合时放枕下，枕与书，书与枕，书枕与我，共度岁月，这世界便少了一份寂寞。

寂寞才读书

有句很流行的谚语，“书到用时方恨少”，听起来很是那么回事儿。因为一个人就是一辈子都泡在书斋里，也的确无法读完那浩如烟海的书，更何况我们每天还有那么多俗事儿。可这句谚语听来又不那么顺耳，我总觉着那里面的功利性太强，好像读书只为用，无用不读书。

我这个人不成器，做什么事情的目的性总不强。十二岁那年我辍学放猪，把猪散到四面有高崖的河湾里，便再无事可做。于是就想起了八哥天棚上那蒙尘的破书，收了猪群去借，借回来却忘了读。第二天又到河湾，又无事可做，这才想起下午出来时一定带上那书。

那是一本没头没尾线装繁体竖排的古董，我每天囫囵吞枣翻上几十页，借此打发难挨的时光。好在那里的故事还能看懂，是写林黛玉和薛宝钗如何争风吃醋，贾宝玉又是如何风流倜傥的。每每这时，猪群里便会有大不敬者，不是前来打扰，就是跑散群了，那书这样便算读完了。

二十几年前总是寂寞了才读书。在学校里当学生时，每天的课业时间极紧，那时盼的就是放假。放了假，待上几天又生寂寞，这才又想起应该看一点“闲”书，像《西游记》《三国演义》什么的。

后来参加了工作，又娶妻生子，整天忙忙碌碌，便更没心思读书了。直到又进大学读书，过了两年离家的日子，才又开始在寂寞中读书。

近年来，几次易岗，工作日重，又加之每年都有书稿相逼，更难得与书为伴。只到日里有材料压手，晚上无力再爬格子时，才可躺在床上胡乱地翻一翻信手摸得的书。没有目的，也没有选择，得古便古，得今便今，遇上外国人也同样可得其乐。但这不是真正的寂寞，也算不得真正的读书。

寂寞才读书出于一种习惯，也出于一种需要。记得在我的第一部文集《黑土魂》的扉页上，我这样写道：“寂寞的时候，有本心爱的书在手，你的心就不会空落了。你会走进另一个世界，那里有一个人或几个人在等你。他们都是真诚的，他们不会欺骗，他们都会成为你的朋友并和你娓娓交谈。这时，也只有这时，你才会抛却那些烦恼，抛却那些纠缠，你才能恢复那个不戴面具的本我，和他们一同享受快乐……。”这是我二十几年来的体验，说与诸君，也许能和某一位产生共鸣。

修炕记

炕，对南方人来说，是陌生的，可对于北方人却是至关重要的。冬日天冷，在外奔波一天，晚上进家往暖烘烘的炕上一躺，真舒服极了。炕，好睡可是不好搭，什么直筒的、花洞的、设灰堂的、带狗洞儿的，在北方人的眼里还真是一门了不起的学问哩。

在乡下老家，搭炕多用土坯。会搭炕的，大多数是那些上了年纪的老人。每至秋末，新坯子进家，家家户户便修起炕来。先是揭去炕面，掏掏灰土，好烧的便重新抹上，不好烧的就得找个明白人来，这儿捅捅，那儿抠抠，末了搪上新坯，烟囱冒烟，鸡娃子下锅，喝两盅白干儿便算是酬谢了。

可在这城不城、乡不乡的镇子上，却大不同了。能搭得炕的就是那些泥瓦匠，他们是万万求不得的，动一动家什就得收些小费，先前一铺五元，现在听说工资涨了，又收十元，末了还要好酒好肉款待一番。

我的新屋有两铺火炕，一大一小，刚搬进时还算好烧，可天气一变竟倒起烟来，呛得人直淌泪。妻匆匆找人来修，一次、两次、三次，该挑的挑了，该扒的扒了，酒也喝了，钱也花了，可烟归烟，火归火，锅依然难开，炕依然难热。

前些时有朋友来，听我说了，竟捧腹大笑，言说他就是修炕行家。于是我便和些泥来，重将炕面打开，朋友便动起手来。砖头儿一一拾出，又一一摆上，七洞变五洞，直筒变花洞，一个时辰过去，炕面总算摆好，又上了些泥，朋友便说："点火去吧，保证着得痛快，热得均匀。"我撕了些废纸，架了些干柴，心下默默地祷告，但愿这一次别倒出烟来。可火起烟出，先是白，后是黑，不多时便狼烟出洞了。我真疑心这世界上真有鬼妖作怪，不然为什么让我得到这样的惩罚？朋友见我愣愣地站着，便看了看灶眼说："炕有潮气，顶出去便好了。"我命妻带他先去用饭，自己留下看守，可那潮气怎么也顶不出去，只好将火熄了。

读书时曾学过大气环流的道理，在灶前默坐，我忽然想到，烟与外面的冷气不正该是同理的对流吗？于是便操起铲子，掘开风洞。这是几次修理，人们只是看看而未曾动过的地方，里面空空，看不出有啥毛病，只是洞口斜倚两块砖头，轻轻拾出，又重新抹好。点火试灶，想不到这一次竟如此灵验，烟在灶中打着滚儿，直奔灶眼钻去，霎时便在烟囱上袅袅升起。心下煞是高兴，可高兴之余又自责起来，为什么自己不能早一点动一动脑筋呢？为什么在万般无奈时才自己动手呢？为什么总要迷信那些并不高明的泥瓦匠呢？但转念一想，责任似乎并不完全在于自己，社会皆然，世人不是都有这类通病吗？

又是春天

当又一个春天如期而至的时候,您在哪儿?是山温水暖的江南,还是冰封雪冻的塞北?是走在下晚班的路上,还是正打开书本准备上课?也许您还沉浸在梦里,正构思着未来的生活。但不管您现在在哪儿,我都要告诉您,春天已经来了。

您不必对我考证,不管熟悉还是陌生,我都是您的朋友。此刻,我正站在北国温暖的雪地里,以我的真诚写下献给您的祝福。我相信您一定不会拒绝,让我们在这九十年代的第一个春天同喜同贺。

春天,在所有的季节中是最富有魅力的了。诗人写她,画家画她,从古至今真说不清留给她多少感叹呢!前几天,朋友在电话里问:“能写篇关于春天的散文吗?”我兴高采烈地应了。可坐到案头,不觉有些茫然,面对那些千古绝唱,面对眼前这肃穆和庄严,我能说些什么呢?说花红柳绿吗?说莺歌燕舞吗?不,那不是我的春天。我不能欺骗我的读者,更不能欺骗自己的良心。我的春天,虽然有生命的音符在枝头跃动,有不息的河水在冰下奔流,可雪地上依然残留着些许寂寞,天空中尚未遍响雨燕的呢喃,就连渐暖的太阳,也还似乎站得很远呢。

读到这里,您领悟到了什么呢?您不觉得这个春天与我们国家、我们民族的今天很相似吗？经历了漫长的冬季，克服了那么多的困难：政治的、经济的、物质的、精神的。过是过来了，可谁能在冰天雪地中一下子就拜出个活脱脱的春天呢？我先前真的这样无知过，直到后来成熟代替了幼稚，我才明白，原来真正的春天是走在雪地上的啊。他依然要迈动艰难的步履，为实现他的愿望而不停地跋涉。南风紧了，雪才消了；雨点急了，树才绿了。于是，便有嫩芽探出头来，便有小草摇起旗来，便有小花绽开笑脸，便有溪流弹响琴弦，春天才真的变得花枝招展、热热闹闹了。

现在，对于我们的国家，我们的民族而言，南风确乎已经吹起来了，雨点儿也落下来了。雪，已渐渐消融，树，亦泛出绿色。我以为，就看我们这些种子，这些小草、小花，这些燕子、小鸟儿，怎么为把这个春天装点得更美出力了。献上您的汗水，它就会增加一份殷实；献上您的智慧，它就会增加一份力量；献上您的微笑，它就会增加一份温暖；献上您的歌声，它就会增加一份快乐……

亲爱的朋友，您说不是吗？

梦是故乡甜

故乡这两个字有时候如同母亲，只要一提起来心里便有些酥酥然，好像有许多话要说，有许多事要想。这种感觉在从前是不曾有过的，我的父母下世很早，我离开故乡却很晚，我在乡下生活了十八年。十八年给我留下的印象并不像文人笔下那等美好——幽雅的环境、古朴的乡情，我的故乡在一个贫穷的山沟里。在我的记忆中她如同一个衣衫褴褛的乞丐，艰难地生存在北方的山里。除了饥饿和痛苦，她没为我打下更深的烙印儿，可以说离开她是一种摆脱，是一种侥幸。我在告别的时候曾经告诫过自己，今生今世永不要回来。

可是十几年过去，当青春的狂热消失之后，深居在闹市中，竟常常做起怀乡的梦来。那坐落在黑河岸上被称为双龙的小村，那颓立在龙山脚下的石壁草房，那光着屁股在一起游戏的伙伴，那从家里偷馍给我充饥的女孩儿，一切一切，都变形地加入，朦胧中是那么美，那么亲。在这种时候，你再也想不出她有什么坏处，她给你留下过什么屈辱。你只有一种念头，就是寻找机会回到故乡去。

父母下世之后，乡下只有姐姐和弟弟两位亲人了。他们都已举家迁进了一个小镇，又一起学做生意，生活自然不同从前，已用不着我怎样牵挂。他们的小镇与我先前落脚的小城相距不远，每年我们都可以相聚几次。我现在常常想起的是埋着我两位亲人的那片土，那里生长着我的根，我是那片土上飘出来的一片叶子。尽管那是个封闭的地方，要去县城得走上百里山路。山路就是山路，除了用腿和冬天的雪爬犁，其他车辆是绝对进不来的。在我的记忆中，这片土地上的文化比粮食更为缺乏，我们整个村中到我离开的时候只有一名初中生。在这一点上，我十分感谢做了异乡孤魂的父亲。如果不是他鳏居之后把我们带到下荒来，我是无论如何也逃不脱愚昧的魔网的。尽管这样，那片土地还有可尚之处，那就是淳朴的关东古风。比如娶亲的时候要吃夜饭，出殡之前要摆供品，这都是我们童年时最爱凑的热闹。这其中不乏取乐之意，而更主要的是夜饭可以白吃，供品可以偷来填肚子。可惜这种古风到后来也没有了，这都要归咎于那个学生和他带回来的“革命”。后来这地方就与山外没有什么两样了，也是在斗中斗得愈来愈穷，我们这些孩子不要说去混夜饭或偷供品，就连过年都得不到大人压岁钱了。遗憾的是，当沿海和内地的农民开始用一种新的观念重新生活的时候，这个地方的人们却依然沉于旧梦。这是姐姐对我说的，她前些时和弟弟回去看望地下的母亲，说那儿依然是煤油照夜，粗米充饥，更可怜的是要鬻女娶媳，不然是绝对没钱去娶媳妇的。我那些同龄伙伴儿竟有好几条光棍儿！

我自知对故乡是做不了什么的，可又控制不了自己的思绪，常常去想她。这是怎样的一种情绪，难道我已到了即将飘零的季节了吗？我自信还没有。故乡，我依然沉睡在北方山里的故乡啊……

早春之歌

一

甜丝丝软绵绵的春雨，被风和雪阻隔着，在记忆的远方时隐时现。

我走在洁白的雪地上。

我走在金黄的阳光下。

脚下响着吱吱的叫声，这是春天的哨音吗？

小鸟儿栖在檐下，牛犊儿在圈棚里缠着妈妈，它是冬天的孩子，还没见过春天是什么样的。巧手的母亲在玻璃上贴片窗花，使人想起即将来临的日子，那画面上整齐的竖线不正是甜丝丝的春雨吗？

二

冬天给小河戴上了枷锁，它以为坚冰可以禁锢激流的自由。

我在冰上走着。

我听见冰下叮咚的水声。

这是大地跳动的脉搏。这是一篇关于春的宣言……

三

梁上还听不到燕子的歌声。

天空还望不见雁的剪影。

疏碎的冰排隆隆地响着，是遥远的雷声。可是没有闪电，没有雨滴……

这是庆典的礼炮，欢迎春天的来临。

四

太阳起得比以往更早了。

像勤劳的庄户人一样，在雪地上踱来踱去。

它也分一份责任田吗?

南方已经来了口信，说春姑娘正在路上疾走。

孩子们雀跃了。

春天来了,他们可以做一只漂亮的柳哨。可他们心里又很不好受,因为他们的雪人就要走了。

五

早春，是严寒的尾声。

早春，是复苏的开始。

冰雪从这里走向死亡，

种子从这里走向希望……

母　亲

世上最亲近的人就是母亲，母亲给我们生命，给我们爱，给我们这世界上她能给予的一切。从生命的孕育到成长，一直到我们老去，她就像一把巨大的伞，始终罩在我们的头上，给我们一片宁静而晴朗的天空。

我们的生命被她神圣的浓浓的爱的光环所环绕。无论你是一棵小草还是一棵大树，只要你还在这个世界上存在，就永远沐浴着她的光芒。你幸福的时候，她与你一同分享幸福，你痛苦的时候，她为你抚平心灵的创伤。你孤立无援的时候，她总会和你站在一起，你遭受侵害的时候，她会为你挺起胸膛。

母亲是我们生命的摇篮，母亲是我们灵魂的避难所。在寒冷中你叫一声母亲，心中会感受到无限的温暖；饥渴的时候叫一声母亲，你会体味到生活的甘甜。母亲总会在你最艰难的时候出现在你的梦里，是你可以依靠的树，是你可以藏身的家。

母亲给予我们的总是很多，我们回报母亲的总是很少。可母亲从不会抱怨，她把奉献视为她的天职，视为她生命中的必需。如天上的太阳和地上的河流，她普照万物滋润万物，但从不求回报。

母亲是伟大的，她的无私是一面神奇的镜子，照彻我们的心灵，校正我们的人生。我们穿着她亲手缝制的衣服，无论遇到多大的严寒都能顶得住；我们穿着她亲手缝制的鞋子，什么样的道路都能够征服。

在我们离开母亲或母亲离开我们的时候，母亲已经不仅是母亲的概念——

离开家乡，家乡就是母亲；离开祖国，祖国就是母亲。身在异乡，母亲是心中的太阳；身在异国，祖国是心中的太阳。故乡、祖国、母亲有时就变成了相同的字眼儿，听起来都是很亲很亲。所以，一位朋友说，一个人离开家，就像一只风筝，不管飞得多高，那条线总是攥在母亲的手里。

生命本身就是美丽的

我曾经说过，生命是一粒种子，只有春天撒进泥土里，它才会发芽、生根、成长、开花直至结果。这需要一个十分漫长的过程。在这个过程中，任何一个环节上出了问题，这粒种子都会失去它存在的意义。

因此，生命对于每一个人，抑或每一种动物或植物都是十分宝贵的。因为生命只有一次，上帝绝不给我们第二次机会。错过了今天就不再拥有今天，错过了这个春天就得等到下一个春天。这是一个极普通也极深奥的道理，连我种了一辈子地的父亲也懂。他说："孩子，好好地活着，命金贵着哩，就像种子，你误它一天，它就会误你一年。对人来说就是一辈子。"

生命诚然可贵，但并不是每一个生命都有价值。生作一棵参天大树，站在山中或是原野，可以为这个世界遮风挡雨，可以支撑起湛蓝的天空。但如果生作一只寄生虫呢？它寄生在动物的身上或植物的身上，有什么价值？所以，生命不能选择，生命的方式却一定要选择。做一棵树，一棵植物，一个动物，但绝不可做一只虫子。

生命的价值并不在于时间的长短，这是昙花和流星给我们的启示。昙花一现，开了也便落了，可它在这短暂的过程中把美丽和芳香都留给了世界。流星也是一样，它陨落了，陨落是一种悲哀，但它在陨落的瞬间给黑夜留下了光明，谁又能说这不是一种伟大?

生命本身就是美丽的。在生命的过程中并不在于是否有过辉煌。草，一生都在默默无闻地挣扎着，时而被牛羊践踏，时而被野火焚烧，可它们还是在春天里发芽，在秋天里结籽。这种顽强是任何一种生命都无法比拟的。还有那些沙漠中的植物，比如沙棘、红柳、骆驼草等等，它们一生都不曾有过任何荣耀，可我认为它们的生命都是值得赞美的。我还要说，生命并不在于是否有过辉煌，它只在于是否做出最大的努力，时刻都奋发向上。

生命是一条河，它需要溪流的补充和滋养。

生命是一棵树，它需要空气、水和阳光。

作为人类，特别是当我们年轻的时候，热爱生命，就必须努力实现生命的价值，在生活中吸取养分，在奋发中积蓄力量。这样才无负于自己，无愧于人生。

切记：浪费时光就是糟踏生命，抓紧一切时间去做好你该做的事情，生命就会在另一种意义上得到成倍的增长。

鼓起你的勇气

一个人在困境中最需要的就是鼓起勇气。没有勇气就无法面对严酷的现实，没有勇气就没有战胜困难的决心和信心。在这种时刻，勇气就是力量，勇气就是希望。

我在乡下的时候，看见过一次猎狗追野兔。那是四五月份，青草刚刚没脚，我跟着父亲去草甸子放马，便看见一条狗在追捕一只兔子。狗很大，兔子很小。就在狗将要捉到兔子的时候，前面出现条丈八宽的小河，兔子很勇敢，它凌空一跃便到了河的对岸，狗却没有这种勇气，它追到河边踅（xué）了一圈便停了下来，只好隔岸兴叹了。

我当时对那只兔子的勇气很是感动，也对它在那紧要的瞬间的一跃无限地敬佩。被追捕是一种危险，河水在前那是更大的危险。它能凌空一跃，那需要多大的勇气啊！一只胆小的兔子能有如此的壮举，那么我们这些万物之首的人又当如何呢？

我去黄山游览，给我留下印象最深的并不是那举世赞叹的怪石、奇松、云海、温泉，而是那些长在悬崖峭壁上的小树。它们的根在石壁上裸露着，它们的枝干承受着天风的袭击。在海拔一千八百多米的高处，在只有些微尘土的石壁上，它们顽强地生存着，尽管形体已被扭曲，但生存欲望仍然旺盛。它们以弱小的躯体与自然进行着抗争，与命运进行着抗争。它们向我们展示了一种巨大的勇气。

我还观察过压在巨石下的小草。石头的重压与草的纤弱可以说是鲜明的对比。但那些草每当春天到来的时候，都从巨石下面探出头来，来谛听风的絮语、雨的吟唱，它们虽不能力举千钧，但它们有求生的欲望，有生存的勇气。所以，它们不惜千辛万苦来寻找能做出壮举的缝隙。

因此，我常常这样鼓励自己：你还不如一只兔子吗？你还不如一棵悬崖上的小树吗？你还不如一棵巨石下的小草吗？自此之后，我就会感到胸膛在渐渐地挺起，头在渐渐的高昂，本来很困难的境况似乎忽然好了起来。我知道这是精神使然，是勇气在起作用。

勇气，战胜困难的法宝。

勇气，走向成功的动力。

又是雪花飘落时

——寄中州诗友

又是雪花飘落时。

此刻不知你是走在中州的街上，还是坐在书斋里；也不知你还记不记得这些温柔的花瓣，记不记得那郊野的快乐和发表在雪地上的诗。也许你不会想到我正坐在窗下，一边看雪一边读着你的诗集。你的《苦果》我“嚼”得很有味儿，我说不太清，总之有点像我们儿时常啃的雪梨。

你走后，我在这座关东小城曾感到几分寂寞。我们在一起时那样无拘无束，我们谈天说地，更多时是用来唠诗。那时，你刚读完大学返回故里，得到去文化部门工作的许可，马上就来我家，在火柴盒般的小屋一唠就是半宿。你讲大学里的见闻，谈白朗宁和普希金。也谈到你自己，谈你还没有对象，想在诗集出版后再“说个人儿”。你那相声般的语言，激动了整个夜，致使我不得不在心中对你产生妒忌。因为我那一向高傲的妻子听我说话时从没这样入迷。

我们在一起谈诗，经常是争得面红耳赤。和耀江兄在小城中我们是“三足鼎立”。从那时起，我们的诗开始大批飞向全国，我们真高兴，好像每一天都会出现一个新的我们……

可后来你不得不为工作而暂放诗笔，我也不得不在材料堆中沉沦，耀江虽比我们自由，但也苦闷。那时，缪斯曾为我们痛哭。当你为了诗而毅然离乡远去，我曾感到十分震惊。那时我正去大学进修，没能为你饯行。

高兴的是在去年落雪时你回来看我，诗友们在我的陋室中围着妻点燃的火锅一边饮酒一边怡情。那时我正为诗愁恼。真感谢你带来了异地的清风，让烈性的白干儿痛痛快快地下去三杯。现在耀江也在异处找到了自己的位置，在这窗下观雪的只剩我一人。虽然有些寂寞，但很高兴，高兴你们张开了翅膀，高兴我的兄弟们是真正的男儿。记得我在一首诗中曾经写道：

男儿的头发是野草
男儿的骨头比石硬
男儿的胸襟
应与世界同经纬
用不着担心
我们年轻，我们都是树
栽到哪一方土上
都能吹出绿色的风

现在你在大河之阴已经证实了我的预言。你的《苦果》不苦，窗外雪花很暖。但愿明年雪落时，你再寄一颗“果儿”来。

糊里糊涂

糊里糊涂。

她踏着温暖的落叶走进他十八岁的秋天，记不清是在黄昏，还是比这时间更晚，当她柔情的目光注视着他的时候，他正在灯影里。

他知道她曾和他在一个学校里读书，而且是当地一个头儿的孩子。

就是这些。

糊里糊涂。

他们的故事就是从这个只有星光但没有月亮的晚上开始。其实算不得什么故事，在那样的年月故事早都被烧得精光。电影里演的都是光棍或者老姑娘，书上总是飞机大炮或者抓坏蛋、斗地主、战洪流，等等。那个晚上他好像给一个单位做贺幛，他是这个小厂的“秀才”，一个十八岁的孤儿。

以后的日子平平淡淡。

她好像时常来找他，她当时正在这个厂的附属厂里做工。记不清他们都谈了些什么话，不过肯定没有恩恩爱爱、卿卿我我以及离家出走永不分离这类话题。他好像总是很紧张，和童年时偷了别人东西的感觉一模一样。他知道这样发展下去是什么，但他害怕，因为他除生命之外，便一无所有了。她好像不曾想过这些，她总是提些他没法回答的问题，比如，当兵好还是上学好？他弄不清她的意思，当兵上学，在那样的年月是没有他们这些既无门第又无硬亲的份儿的，她很沉默，她对他能够从垄沟里爬出已感到十分满足。她想的是他应该有个家，应该有人做饭和洗衣服。

那一夜很凉。

后来她就调进了这个厂。

后来她就很少到办公室里来了。

后来就到了春节，工厂放假，他替所有人在办公室里值班。他躺在寂寞的炕上想她躲躲闪闪的眼睛，想她讲给他的关于她自己的故事。

糊里糊涂。

后来就到了春天。

后来就有个活泼漂亮的小女孩儿常来找他，她说她是她最小的妹妹。

后来他就成了她家的客人，她母亲的心肠很软，那些日子他总感到是在过年。

那个春天好像很难过。

后来他们一如既往。

再后来，他就到县城一所学校读书，这是在恢复高考以后，她把应该送给他的那份礼物送给了另一位男同学。为这事他很生气，他很想把那家伙揪过来揍一顿。可后来理智告诉他这样不成，他们都是同学，又都是朋友，更何况那时他们早已宣布分手。

糊里糊涂。

他们现在都做了父母，那段往事好像人生的序幕。后来有朋友问他，他们的历史真的那么平平淡淡？他笑笑，他实在说不出什么，只记得有这么回事儿，还有这么个人，而且糊里糊涂。

长白沥墨

一

长白山是一座神奇的山。它就像一座印象派大师刀下的立体雕塑，让你永远也读不懂，永远也读不完。画家看到的是风景，诗人悟出的是哲理，坚韧者读到刚毅，懦弱者增添勇气。只要你来到这里，就会感到置身于太虚幻境，叹天地造化之奇伟，感宇宙灵性之精微。人与自然融为一体，血脉成溪，魂魄飘游，若云若雾，弥漫成一种永恒。

二

人有殊才，其志乃大，山无险路，何言景奇？登长白，路在勇者脚下，险绝处处奇景佳。山下鲜花山上雪，四季集于一山，没有勇气和毅力谁也无法领略她。攀险径，过丛林，看不到天空时，倍觉阳光可贵，登上绝顶，始知山比人低。在虎跳石上站上一站，你也会顿生虎虎生气，在卧虎峰前留个镜头，会有一种力量一生都鼓舞着你。不登长白，不知山本来和水一样孕满灵气，不辟蹊径，不知真正的风景并不在别人的画册里。读一处佳景亦如读一部奇书，只有用心领会，才能悟出它的真意。走万里路读万卷书，登一座山便是一次精读。

三

长白山有树数十种，唯美人松最为珍奇。美人者鸟中凤凰，花中牡丹，树若此，怎能不让人痴迷？树身高直，冠盖娉婷，玉立半云，落落大方。何得美名？传说不一，有言其宗为一彪悍男子者，善骑射，精琴棋，一日与仙人对弈，输掉一只手臂，弃于山崖，生根如是，挺立至今。传云，凡风雨之夜，树下可闻琴棋之音；亦有言其宗为一刚烈少女者，因爱而归山林，站在山崖上数年而变，成为树中之神，不畏严寒，不惧风雨，不移其志，情有独钟。传说虽不可信，但人心向善，物稀为奇，读之可鉴。

四

长白有瀑，飞流数百尺，其貌如纱飘飘展展，其声如雷轰轰隆隆。远瞻如飞龙凌空，近观似一柱竖立。立其下便会感叹人生如那飞流逝水，突来陡落，一荡三叠，碰壁而回，绕石而过，其下不知路之所向道之多远，一路流将下去，不知何日而终。至此，便顿生几分悲凉，幸好瀑下不远便有潭清清澈澈，看水流来，看水流去，又引出几多遐想。想人生如此亦算轰轰烈烈，如无此跌宕，困于某处变成死水岂不更悲哀？一生劲动，尽管曲曲折折坎坎坷坷，能为人送些许清爽，能保持一生清白，沧桑人世亦不算白来。

五

读天池有如禅语，读不懂天池等于白来一趟长白。天池之水清洌甘甜，却不肯与鱼虾为伴，晨洗彤阳，夜浴星月，非圣洁之物不可沾它半点灵光。白云悠悠只可充为过客，黄鹤光顾亦不敢忘乡。它只属于传说中的东方圣祖，只属于那条虚无缥缈的龙。近有传云，池中有怪，牛头狗脸其说不一。但据我推想，传说只不过是一种臆造。俗人不识禅机，却妄想用俗人的眼睛洞穿它的神秘，于是就用那种俗不可耐的伎俩制造出所谓的“谜”。天池就是天池，天池没有生命才是天池之奇。其实，有无之间并没有绝对的界限，就像踏山未见山，涉水不见水，山在水中立，水在山上流，置身于物外，物乃在心中一样，如是而已。没有生命它却孕育无限生命，它下发为江，浩浩千里，两岸生灵吮水而生，千秋万代，谁敢说不是她的儿女？

谒武侯祠

入川三日，没见到太阳，便匆匆上街买了把纸伞，冒雨去谒武侯祠。原以为雨中谒祠会多一份幽静，不想买门票的队伍比站台上赶火车的还长。我问朋友，今天是不是有什么特殊节目？他笑了笑，操着带有辣味儿的蜀音说：“每天都是这样。”

在雨中站了半个时辰，终于花两块钱“捐”了个门槛儿，值与不值已来不及细想，一门子心思就是想看看诸葛亮是什么样儿。过碑亭，穿过文臣武将廊，迎面是蜀汉皇帝刘备殿。有位海外归来的游子正在进香，看样子亦是蜀中之人，小个阔额，一脸虔诚。看那座上汉主高高大大，一脸宽厚仁义礼贤下士的模样，便臆想烧香之人定有诸葛孔明之才，可惜生不逢时没能用上。又一想，这种想法不近情理，改革开放，政通人和，该翁一定感盛世日兴，祖国富强在望，回来寻根问祖的。

过蜀主殿又过一厅，这才见到小时候就崇拜得五体投地的诸葛亮。那时候冬夜无眠，三五十人挤在说书人家的大通炕上，惊堂木一响，最想听的就是料事如神能呼风唤雨的诸葛亮。后来读他的文章，读关于他的书，可一直想象不出他是什么样。所以，一到成都，看他就成了第一个愿望。进得殿来，迎面有三尊坐像，那坐在正中，头戴纶巾，手持羽扇，身披金袍者定是诸葛大人，他面阔额方，山东汉子模样，尚在凝目沉思，是在想治国良策，还是在为那无能亦无骨的幼主神伤？列居左右的两位为谁我不知道，朋友说，那是相爷子孙诸葛瞻和诸葛尚。史载，诸葛先贤当年不仅打仗立国有道，教子治家亦十分有方。一篇《诫子书》醒千万世人："淡泊明志，宁静致远。"千古名言，万世流芳。那父子亦随贤相尽忠蜀汉大业，三世忠贞，共祭一堂。诸葛金像不如皇叔高大，但殿前香火却比前殿燃得旺。有一炷投者，两炷投者，亦有四五炷一起放到案上，香烟缭绕中，我又见那位游子跪到案前，默念良久，仍在向贤相诉说衷肠。这时又进来一帮子人，由导游小姐引着，边讲边看。中有一拄杖老者，把目光凝在"能攻心则反侧自消，从古知兵非好战；不审视即宽严皆误，后来治蜀要深思"的对联上，连叹这联写得好，并对身边人说："难怪当年毛主席告诫来四川工作的同志，必须来读读这副对子，这个撰联的赵藩实在是了不起。"

老者为谁？我没兴趣。但由老者的议论生出一些想法。据说建祠以来，前来拜谒者每年都以百万计。有帝王将相、名人伟人，亦有骚人墨客、平头布衣。香火之盛，在成都城无与伦比。何以至此？静静想来，大抵如是：那诸葛先生仁德睿智，集精明、忠直、刚正、廉洁、淡泊于一身，是一个永远完善的偶像。故此，居庙堂之高者，谒其忠直仁厚；拥千军万马者，谒其精明睿智；辅君治国者，谒其宏韬大略；修心养性者，谒其宁静淡泊；为人父母者，谒其治家教子之策；平民百姓者，谒其清正廉洁之德。如此种种，已无须细说。时年壬申五月，榕城已树一蓬蓬绿，花一簇簇香。

癸酉三月追记于边城长春。

山水杂说

峨眉天下秀，青城天下幽。蜀中山水自有蜀中特色，为天下人所倾慕；华山天下险，黄山天下奇，中原、江下之山，自有其奇绝之处，更令人乐而忘返；泰山天下雄，长白多豪气，齐鲁、关东山水亦有北方特有之神韵，给人以恢宏壮美之感。这是山水之胜，是鬼斧神工，是大自然赐予人类的美景。然而，山水胜虽胜，若无寻访者觅之，无名人雅士赏之，无美文妙画传之，亦如沙中明珠，石中金玉。所以，美景需要人赏，需要画记，需要文传，没有这些便没有所谓名山胜水。桂林山水甲天下，其声名远在前述诸多名山之上，原因并非在于山水，而在于有宣传它的奇画美文。从唐代开始，直至当代，多少墨客文人、大儒名士歌之咏之，杜甫、韩愈、白居易、黄庭坚、李纲、范成大、解缙、袁牧以及现当代的陈毅、贺敬之，等等，便写下数以千计的桂林山水诗文，让赏之者永志之，让未见者神往之。我于去年南下考察时路过此地，并沿路南下柳州。我看柳州山水，亦与桂林无别。有山便拔地而起，姿态万千；有水便蜿蜒曲折，清澈如镜；山多有洞，洞幽景奇。以我观之，“山清、水秀、洞奇、石美”八个字岂可桂林独占。柳州的同志带我们去看了大龙潭，那里群山环抱，石奇水美，绝不亚于桂林风景，但何以名不见经传？未被人识，未被人传也。

由上述随想推及我们长春的山水景区——净月潭，亦足以发出同样的感叹。在我们东北的城市中，沈阳有故宫、北陵，大连有棒棰岛、老虎滩，哈尔滨有太阳岛，我们省内的吉林市有北山、松花湖、北大湖，其名气都在净月潭之上。原因何在？在于开发与宣传。一首《哈尔滨的夏天》把太阳岛唱遍神州大地，一次冬运会让北大湖名扬四海，这就是宣传。其实就净月潭来说，山水虽无匡庐鄱阳之美，但山依水走，水傍山环，林深树茂，草密花鲜，有太平钟楼之灵秀，有天然浴场之清幽，亦足以让人修心养性流连忘返。但是，为什么如此清幽之处，不能成为旅游胜地，概因外人不知，家人不识也，亦可谓开发不够，特点不足矣。历览名山胜水，除自然风貌之外，无不假以人文景观，或曰文化背景。如中岳嵩山，峰无险峰，岭无峻岭，石无奇石，树无奇树，但这里是中华文化的源头之一，周公曾在此测日影以定地中，元朝时为记此在阳城建有观星台。这里有周柏二株，受过汉武帝的册封，称之为大将军、二将军。这里有北魏太和年间建造的少林寺，闻名中外，是印度高僧达摩依苇渡江传经之所。这里更有北宋洛派理学大师程颢、程颐兄弟讲学的嵩阳书院，文化遗迹数不胜数，故使之声播海内，令人无不向往。再说庐山，奇秀固然奇秀，但与新近在湖南开发出来的张家界相比，大抵要逊色许多。然而它从东晋开始，就已和文化结缘，成了历代文化名人的云集之地。从东林寺到简寂观，这里曾是我国佛教净土的发源地和道教的洞天福地之一；从柴桑里到白鹿洞书院，这里又一度是我国文化教育和宋明理学的中心。王羲之、陶渊明、谢灵运、李白、王安石、苏轼、陆游、文天祥、朱熹以及近代的黄宗羲、康有为等，这些在我国文化发展史上引人注目的名字，都与庐山发生过联系。这些人物与事件都为这座名山声名远播增添异彩。更具典型性的就是泰山，它雄踞齐鲁平原，虽有“会当凌绝顶，一览众山小”之誉，但实际上并不很高。它之所以名贯中西，实在是因为它是一座历史名山。从秦始皇登岱遇雨，封挡雨之松树为“五大夫”以后，仕宦商儒不绝于路，见石说石，见树说树，刻石属文，并演绎出许多故事，使这座非奇非伟之山更加让人仰慕。有时并非风景奇异之地，有名人光顾，并建了一个有名的建筑，且有名人为之题诗作赋，亦可成为名胜。譬如，武汉长江边上有龟蛇二山，山小实如土堆，但因龟山上建有千古名楼黄鹤楼，更因大唐诗人崔颢写下了“昔人已乘黄鹤去，此地空余黄鹤楼。黄鹤一去不复返，白云千载空悠悠”的名句，便山因楼美，楼为诗传，直到今日仍为胜地。还有湖南岳阳，只因范仲淹写了《岳阳楼记》，并在文中写下了“先天下之忧而忧，后天下之乐而乐”的千古名言，而地因楼而名，楼因文而千古不朽。还有江西南昌，只因有一座滕王阁，有王勃一篇《滕王阁序》便声名远播。可见文化对于山水是何等重要。

我在前面说了这些，绝非为了卖弄，亦不想让净月潭的建设者们把净月潭建成一个仿古名胜。风景名胜贵在新奇，人文景观更需特色。人家建庙你也建庙，人家建楼你也建楼，你便是仿效者，便是复制品，处处皆可见到，何必非来看你？我只想说明一个道理，那就是要在这片城中山水上多建一些具有北方特色，特别是长春特色的现代文化建筑，使之与现代化国际性城市、与北方森林城市、与北方冰雪城市、与我们的时代相匹配相协调。古不古、今不今，不伦不类；土不土、洋不洋，不如没有。我们这里既然已被定为国家级森林公园，那就应该在开发上多做文章。要搞北方旅游，搞现代旅游。要尊重历史，要尊重现实。这里本没有传统故事，不需要编。这里既然属于现代人工山水，何不再创辉煌。如果我们能把冰雪、游乐、避暑以及动植物观赏等项目开发出来，把与山水配套的周边环境治理好，把水、电、气、路搞上去，何愁无人光顾？据说明年年初要在这里举办“九冬会”，这正是一个使之名扬天下的大好时机。如果我们全市人民齐心协力，借此筹备之机大家都能献智谋以定蓝图，引外资以兴建筑，借会议以作宣传，我相信净月潭也会四海扬名。届时，它不仅是我们长春百姓度假消暑游乐的地方，亦可能成为东北乃至全国的旅游胜地。

香山迷途

“西山红叶好，霜重色愈浓。”当年读到陈毅先生这充满诱惑的诗句的时候，就萌动了欲看香山的念头。可时光荏苒，事过多年才得这次京行。在北大学习的妻子说我来得稍晚，恐怕重霜之下红叶已经飘零，可我总不愿事实果真如此，于是就择定了最近于我们至京的一个周日，赶到西郊二十五公里的地方来观看由黄栌、柿、枫、糖槭所构成的奇特风景。

大概京游的人们都与我有着同样的欲望，当我将妻携子赶到东宫门的时候，来自南北东西，操着各种方言的人们已经铺满了山岭。从导游图上得知，红叶当在香山东麓的南侧，本来可抄近路，但儿子不肯，六岁的他坚持要上“鬼见愁”，妻子建议说可坐缆车，我也懒于在那险峻的石壁上攀登，可儿子愿意，他说他不害怕，他想与那些专抄险路的人同行。我只好同意，妻也自然无可奈何，谁让偏生了个关东小子，关东汉子从骨子里就喜欢征服。

我们沿清代皇帝围猎行宫的故址，过玉华山庄，在洒下无数汗水之后，终于登上了鬼见愁的香炉峰。我和妻坐在岩石上大口大口地喘气，儿子却跑到峰顶上去观看风景了。当我也挤上前去的时候，忽觉一阵后怕，我真不知我们是怎样爬上了这样陡峭的山峰，我想如果当初知它这样险峻，我是断不肯冒这份险情的。可儿子却泰然自若，我不得不在惭愧的同时对他起几分敬重。

小歇后，我们沿中路南下，果真见到了我倾慕已久的风景，只是那红叶已凋落大半，让人顿为秋风伤情。真是时不我待，由此不难联想到历史，联想到人生。妻要在这红叶区拍照留念，我不得不变换角度搜寻理想的场景，奇怪的是当我放眼远眺时，那山坡上稀落的树叶排在一起仍然很红很红……

过了红叶区，路便不太明晰了，人也渐渐稀少，只有那些情人拥着抱着地在树丛中陶醉，像树上鸟儿一样不避行人，也不避太阳。妻建议我们快走，于是就踏上了迷途。

我们在迷途中走了半个下午。起初我们还十分自信，后来越走越远便怀疑起这是否还是香山所在。但为了保持男性的自尊，我没有说出这种想法，我鼓励妻和儿子走下去。当我们翻过一岭又上一山的时候，竟发现了奇境，一丛丛绿树环抱着一棵巨大的红枫，枫叶在夕阳下红如烈焰，让人顿觉出燃烧不尽的激情。妻陶醉了，她扑到树下偎在那火焰之中要我为她拍下永久的回忆。离群的懊恼，迷途的惊恐霎时化为乌有，我为我们的幸运而高兴。

下得山去的时候，我们发现路就在山的右侧，与我们走的地方只有一峰之隔，可人们已习惯于沿它观景，却没想到真正的景色正在没路的地方。如此想来，我们的迷途竟是一件幸事了。

碧云寺说奇

西山一径三百寺，

唯有碧云称纤秾。

我已记不清是谁写下这佳丽的句子，但我敢说，无论谁游了碧云寺后都不能不赞叹这位诗人的笔力。

这座名刹位于香山脚下，背西朝东，六进院落，殿阁依山，楼台就势，盘盘囷囷，其规模之崇闳，大概不下于杜牧笔下的阿房宫。虽未复压三百余里，但五步一楼十步一阁还是不为夸张的。据说该寺建于十四世纪中叶，为元代耶律楚材的后裔阿勒弥舍宅开山而建。原为“碧云庵”，后改为“碧云寺”。究竟为何更名，我非佛门弟子没做细心考证，但从习惯上看，庵为尼居寺为僧居，这更名也许缘于此故吧。

我与儿子在这座古寺中玩了一个下午，非迷其景丽，而是忘情于它的物奇。第一奇便是大肚弥勒，他端坐在寺内的弥勒佛殿中，大腹便便，笑容满面，似在迎接来朝拜的香客，给人一种大慈大悲的感觉。按有关佛书之说，他本是上界之神，后来降生人世，继承释迦牟尼而成为后世佛。又据一野史云，五代时期，奉化一带曾有一云游僧，身携布袋四处化缘，见物即乞，出语不定，随处寝卧形同疯癫，后来坐逝，终前念道：“弥勒真弥勒，分身千百亿，时时示时人，时人自不识。”此乃这大肚佛的化身。他时时示时人，时人却不知，真负了他一片苦心。

这第二奇该算梁上济公。我们在罗汉堂里观看五百罗汉，是儿子发现了这位蹲在梁上的济公，他衣衫褴褛，瘦小精灵，面上带有微笑，眯着细小的眼睛。他为什么要蹲在梁上？我百思不解，后来问了一个老者，他说当年佛祖如来在灵山开法会排座次，济公因事迟到，所以便没了座，又加之辈分最小，后来便只好坐在梁上了。看来这论资排辈的传统乃佛家所传，可惜被我们世人效仿得过于极端了，致使在有的朝代里让那些长者把辈分小的有识之士一直到死都压在他们的重石之下，可叹矣。现在实行改革，革掉了这道清规，有识抒识，有志展志，无长无少，人尽其才，可贺矣。

这第三奇，我本是想忽略了的，因为我实在说不出此一奇所以然。这一奇出在寺内的水泉院，即院南的“三代树”是也。第一代为枯柏；第二代便是枯柏之上又生枯柏；第三代最为出奇，在腐朽的柏树墩上竟生出一白果树来。这三代树接续而生，而今枝繁叶茂，我只知其奇却不知怎样奇来。

离开这座古寺，我想起了朱元璋挂在凤阳皇觉寺弥勒殿的一副名联：“大肚能容容天下难容之事；慈颜常笑笑世上可笑之人。”“难容之事”，弥勒遇过多少已未可知，但“可笑之人”我便是其中的一个了。

正白旗村访曹宅

谒访曹雪芹故居，当为我京行前的想法。这种想法自是受了“字字看来皆是血，十年辛苦不寻常”（原本《石头记》第一回标题诗）的感动。

我和儿子赶到正白旗村的时候，是一个上午，晚秋阳光下的曹宅，虽不是“野浦冻云深，柴扉晚烟薄，山村不见人，夕阳寒欲落”的荒凉景象，却也见不到其他游地的热闹。一排低矮的京式平房偎缩在狭小的院落之内，方不盈丈的五个展室中，总共不过十位游人，且有六七位围在第一展室，看《曹雪芹》摄制组在那里排戏，真心来看他老人家遗迹的大概只有我等二三人了。

无怪那些游人不感兴趣，这些展室中也真没什么好看。第一室据说是他当年居住的正室，现正为摄制组所用；第二室为“抗风轩”，被认定为书房，是《红楼梦》成书之地，除墙壁之上有些许墨痕之外已别无他物了；第三室是一个西山环境模型，介绍他的写作生涯，尚算可观；第四室陈列着二百年来有关他身世的一些发现，说来也不过一个书箱，几块题壁诗残片，及一部《废艺斋集稿》的双钩摹影印件而已，实在是寒酸得很；第五室是与故居有关的辅助展览。那些器物皆为清代共有之属，据我看来已失去了佐证曹氏家族的可信性，不足为凭也。

但这终究是这位大师的故居，已经几多权威认定，是不容置疑的了。六年前，我读周汝昌先生的《曹雪芹小传》时，此迹还没有被发现。他在书中说，曹氏当在西山一带村居，但究竟村为何处却没有认定。一说可能住在健锐营内；一说是“三山”“八刹”那处西山地带；另一说便是此间，原以民间传说为据，说他当年居住的左边，有成片的竹林。然今樱桃沟水源头之下正为竹林所在，看来这已是确定无疑的了。但我总不愿相信这是事实，因为此境与“红楼”巨制相较，实在是太不相称了。可当我想起潘德舆《金壶浪墨》中“或曰传闻作是书（《红楼》）者，少习华朊，老而落魄，无衣食，寄食亲友家，每晚挑灯作此书。苦无纸，以日历纸背写书，未卒业而弃之”，与奉宽《兰墅文存与石头记》注中“故老相传，撰红楼梦之人为旗籍世家子，书中一切排场，非身历其境不能道只字。作书时，家徒四壁。一几一杌一秃笔外无他物”的记载，也就不再怀疑了。

在离曹宅去看幻化出“红楼”中“通灵宝玉”的“元宝石”的路上，我忽然想起司马迁《报任安书》中的一段话，他说：“古者富贵而名摩灭，不可胜记，唯倜傥非常之人称焉。盖文王拘而演《周易》；仲尼厄而作《春秋》；屈原放逐，乃赋《离骚》；左丘失明，厥有《国语》；孙子膑脚，兵法修列；不韦迁蜀，世传《吕览》；韩非囚秦，《说难》《孤债》；诗三百篇，大抵圣贤发愤之所为作也。”我们的曹氏大师也是倜傥之属，为“旗籍世家子”，家道败落后不肯在内府好好当差，于是就跑到这西山上来发愤，十年辛酸泪，留下一座“红楼”给世人。

西山别有一壶天

少时读唐人杜牧《阿房宫赋》，有“歌台暖响，春光融融；舞殿冷袖，风雨凄凄。一日之内，一宫之间，而气候不齐”等句，当时很不以为然，认为此乃杜氏为文时所杜撰而已，绝不会是写实。后来读中国地理，知我国南方一些高山深谷地区，由于地势的影响，常常一山之中同时分为四季，山下鲜花山上雪，可谓奇矣。但亦为纸上所得，非亲眼所见也。

这次京游西山之行却使我大开了眼界。我们去西山是十一月二十日，京都市区已是一派深秋景象。行人着上冬服，树木落尽枯叶，偶有些常绿乔木，寒风中也显得无精打采。花草之类更不可谈，只有很罕见的附在高墙下的藤类植物，可让多情的人温一温夏梦。然而到了西山，确切地说，到了植物园、卧佛寺和樱桃沟，却是另一番景象。丁香、牡丹、芍药等花类自然是不可见，但那些我叫不出名的树木却依然枝叶婆娑。碧桃园，牡丹园，丁香园，宿根花卉园，木兰园，几乎处处都有绿草可见，且绿草间还偶见淡黄色小花，实难得矣。卧佛寺内的景象更难于让人相信，不要说树青竹绿，且荷塘内尚有莲叶飘展。观荷不得是我这次京游的一大憾事，因为市区内的几处荷塘都已卖藕。在此得观，可为幸事。我与儿子在那小小塘边足足看了近一个小时，儿子当初不知此为何物，经我一说好似如梦方醒，因为他是听我讲过莲子的故事和《爱莲说》的。

过卧佛寺便是樱桃沟，我们虽未得樱桃，却为竹林所陶醉了。那婆娑的绿色，经风一吹沙沙作响，清泉石径，宝石古屋，置身其中真乃仙境。我站在林中痴想，儿子也无离去之意，要不是一只松鼠在涧中石上蹦跳，使儿子产生欲追之念，我父子说不定要误了归程。

离开西山，我忽然想到古人“己身自有一壶天”的说法，我想这西山对京都来说不是别有一壶天吗？由此可见，人间事自然事大体同为一理也。

阅古楼小记

到北京的游人，大凡没有不到北海的，但来逛北海的，却未必有几人能去阅古楼。我说这话也许有点武断，不过绝不是没有根据。那日我与妻儿在阅古楼里看了近半个上午，竟没见到第四位游人。阅古楼作为琼岛八景之一是十分有名的。它坐落在琼岛之西，琳光殿之北，为半圆形建筑。楼为二十五间，左右环抱，上下二层，可谓壮观。楼门面西，需买票可进。进门为一正厅，左右有旋形楼梯攀上，据说古时为奇木所制，称为“蟠龙升天”，可惜今已无木可见，早改为水泥台阶了。

拾级而上，至二楼向左便使人心旷神怡了。楼上四壁嵌满淡色大理石，上刻各式文字，这便是著名的《三希堂法帖》石刻了。千姿百态，让人目不暇接。我好奇地数了一数，共计四百九十又五块。据说这是我国现存完整的古代书法集成石刻，全名为《三希堂石渠宝笈法帖》。

三希堂原为故宫养心殿中的一个殿堂，乾隆帝曾将晋代三位书法家——王羲之、王献之、王珣的著名书帖——《快雪时晴帖》《中秋帖》《伯远帖》收藏于此。后来，为了给这三件稀世之宝增添光彩，乾隆帝于一七四七年特令梁诗正等人将内府所藏《三希堂石渠宝笈法帖》三十二卷取出，请上等刻工摹刻上石，并在塔山西麓建了这座“阅古楼”。

据史料记载，阅古楼的石刻共收魏晋以来至明末，一百三十四人的三百四十一件作品。另有题跋，以及乾隆帝的御制诗词等二百一十余件。钟、王、张、褚、颜、柳、蔡、赵……各得其势，各领风骚。只可惜当今好字者太少，阅古楼总难得听见足音。如果这位博学多才的故帝九泉有知，定会为此伤心。

谒访荷塘

少时读《荷塘月色》，总醉心于那条曲折的煤屑小路和那片神秘的池塘。我曾想，如果我也能踏上那片土地，一定要沿那条小路走走看看。

十三年后，我真的踏上了这条小路，可惜不是七月，也不是月色中的荷塘。那四周蓊蓊郁郁的树木还在，多为杨柳，间或有些松柏及其他不知名的绿色。样子亦似从前，只是在晴明的阳光下没有朱自清那一夜的寂寞。路面上的煤屑早已换成了水泥，小风中亦是枝影婆娑。

路上的行人依然很少，除了三五学生匆匆而过，便剩我与妻子了，这片天地也像是归了我们。在这晴明的荷塘岸畔，我们既是匆忙的旅人，又是虔诚的谒者。当年，朱自清先生一个人在苍茫的月下踱步，什么都可以想，又什么都可以不想，他说那一夜他得到了自由。其实他正苦闷于自己没有自由。那是革命的前夜，是历史的未见黎明的冬日，他苦闷，他渴望着自由。

我们沿池塘默默地走着，我在想那七月的夜里他是怎样踏上这条小路的。他那一晚上是否喝酒，他是如何忽然想到了这个荷塘。妻子突然问我："你还记得那个宁死不吃美国救济粮的故事吗？"

当然记得，那是在毛泽东同志的书里读到的，也许正因为这个故事，我才真正认识了这位从《背影》中走出来的朱自清。

荷塘无荷，似乎应该成为这次谒访的憾事，但因为我们只醉心于那有骨气的学者所走过的小路，此行也便无所谓遗憾了。那“婷婷的舞女的裙”，那“一粒粒珍珠”和“刚出浴的美人”，只属于那个洒满蝉声蛙声的朦胧的夜晚，我们来谒访的是它们的主人。

我与妻过石桥进入塘中小岛。我很想在那里找到他老人家的墓碑。可当我们来到一座雕像前时，不觉大失所望，因为那是另一位学者——吴晗的。我不相信在清华园中没有他的位置，于是就去问那位正在扫尘的老人。老人说朱自清这个人他年轻时认识，他是清华的教授，他有没有像可不太清楚了。我们又出岛去问了两名学生，她们也同样说不曾听过，如是，我们只好作罢了。

走出清华园，妻子问我：“这里为什么没有他的像呢？是因为他仅仅是位文人吗？”也许是吧，我想。

卧佛寺

京西寿安山南麓，有座前竖彩坊背靠青山的四进院落的古刹，这就是有名的十方普觉寺，也就是人们常说的卧佛寺。这座古刹始建于唐代的贞观年间，至今已有一千三百余年的历史，是北京历史较早的古刹之一。

古刹的第一进院落是山门殿。殿前清池如月，池上筑桥如弓，两侧钟鼓相对，煞是威严。最有趣的是殿内的哼、哈二将，守寺千年仍不觉寂寞，也不减威风。少时听老人说，他们一个能从鼻子里哼出白气，一个能从口中哈出黄气，黄白二气专驱妖魔，专杀鬼怪。这二将实乃正义之化身。

二进院落是天王殿。殿内有佛称弥勒，据说是来自上界兜率天的神祇，是释迦牟尼的继承人，此佛大腹便便，笑容满面，大慈大悲，可亲可敬。难怪上界非让他来主人之后世，若真有后世，有这样一位主者，死真是够幸福的了。

三进院落是三世佛殿，除弥勒外还有主人今世的释迦佛和管人前世的药师佛。据佛经上说，他们均为如来的化身，均以济人救世为本。在他们两侧是十八罗汉，个个威风凛凛，俊逸潇洒。最威武的是东南角上的一位，戴盔披甲，十分动人。史书上说，这是乾隆帝为自己塑的金身，意为修成正果，立地成佛。可惜他一世风流倜傥留下无数韵事，终未能真入佛门。

最后一进院落是卧佛殿，“性月恒明”的大匾为慈禧手书。殿内有元代铜铸巨佛，长有一丈六尺，重有五十四吨。一臂曲肱而枕，体态安详自如。据说是再现释迦佛祖“涅槃”前向弟子嘱事的情景。殿内还有乾隆御笔的“得大自在”匾额一块，大概是想说明释迦牟尼修道成功，已得了最大的自由。

我不懂佛事，自然说不出佛门之妙，但涉身禅境也似乎顿少了许多俗念，不过，这只是感觉。当我离开这座古寺的时候，情与欲又与心俱动，我真不知佛们怎样在寺中耐得千年，乃至万年。

文化广场

在长春这座城市里，文化广场可以算得上是现代都市的一大景观。它坐落在市区中心，占地近二十公顷。北依古楼，南面长街，主体以青石铺装，其间有草坪镶嵌，主景雕塑鬼斧神工，二龙戏凤蔚为壮观。正中偏北有一组极为奇特的建筑，那便是沉床式露天乐坛。偌大的乐池空旷悠远，每当丝竹管弦交相回应，置身其中便会飘飘欲仙，中轴两侧向上宽阔伸展，有如翘动的蝉翼，背负着青天。广场东西是两排茂密的白杨树，粗可合搂，高可参天，草地与树林之间，相连幽深的石径，四周还连缀着数不清的花坛。

广场的早晨最能展示这座城市的朝气。男男女女、老老少少都聚到这里来晨练。北方人不善花拳绣腿，但或跑或跳，豪气亦充溢其间。它能让你感受到这座城市充满着昂扬向上的斗志，充满着一种永不服输的精神。尤其当那群来自异乡的广场鸽迎着朝霞飞上蓝天的时候，你会感到十二分的亢奋，你会顿增无限的精神。你会为你享有这一时刻而感到骄傲，你会为你生活在这座城市里而感到自豪。

广场的白天是游人的乐园。尤其是当周末来临之际，广场便涌动起五颜六色的人潮。有放风筝的，让喜悦飞上天空；有拍照的，在一瞬间留下永恒的微笑；有来享受阳光的，也有来享受绿色的，更有一些从很远的地方带着从农贸市场买来的玉米、大米以及面包赶来喂鸽子的。他们中有男有女，有老有少，当那些温顺的小精灵从他们手中啄去一份份关爱时，每个人都会露出同样的表情，那就是满足和快慰。如果你目睹这一切，你会马上联想到巴黎、联想到维也纳，你会自豪地说，我们的城市也同样拥有文明。

广场的夜是温馨的，温馨得如五月里的梦。华灯初上，茵茵的绿草在白光之下显得更加剔透晶莹。那些高高矮矮的灯十分别致，横竖交织，构成了广场一道特殊的风景。夜是爱的巢穴，当你置身于夜色中的广场，无论是谁都会为一个“情”字而感动。你在这里见到的男人女人无论是老是少，大多都成双成对，或夫妻或情侣，相搀相扶，相依相偎，情在其中，爱在其中，乐亦在其中。偶有三五成群，必定是老少三代，或是夫妻带子，或是朋友小聚，欢歌笑语，其乐融融。

但你看到的这些并不是文化广场的全部。这个在全国大城市中有名的广场才刚刚完成一期工程。它的明天将会更加美丽，东南将植一片桃林，西南将植一片杏林，东北、西北还要各添一组具有关东特色的园林小品。而且还要在它的最北端建设一个多功能的运动场，届时它将以更加绚丽的景色、更加齐备的功能迎接八方游人。

当然，我向您展示的只是这个广场的夏季，我们还没领略它的冬天。但请相信以其景观之深远，场面之浩大，待银装素裹之时，有生灵之装点，有群楼之映衬，它定会展现出北国春城的另一番神韵。

善待自己

善待自己，绝不意味着灵魂的自私。

善待自己，恰恰是人性的觉悟。

一只鸟，如果不爱惜它的羽毛，它就会失去美丽；一棵树如果不爱惜它的叶子，它就会失去生机。

人就像这鸟，就像这树，又胜似这鸟，胜似这树，一旦失去了人格，失去了自我，就会变成一只会说话的动物，或是一部有思想的机器。

如果这样，你只活在别人的眼睛里，整天戴着别人为你制造的各种面具，甚至连你自己都无法认识自己，你的生命还有什么意义？

如果这样，还不如做一只鸟，翅膀属于自己，天空也属于自己；还不如做一条鱼，醒也无忧无虑，睡也无忧无虑，甚至不如做一棵树或者一棵草，该枯时枯，该绿时绿，没有任何顾忌。

所以，必须学会善待自己。自己要做自己的主宰，自己要做自己的上帝。千万别把自己当作风筝，让生命的线儿扯在别人的手里。

自信是一种力量

自己一定要相信自己，这是超越自我走向成功的首要前提。自己都不相信自己，那还有谁能够相信你？自己相信自己叫作自信，自信是一种神奇的力量，自信是成功路上第一张通行证。

有了自信，就会自强、自律、自尊、自爱。

自己能完善自己为自强。

自己会约束自己为自律。

自己懂尊重自己为自尊。

自己知珍惜自己为自爱。

自强、自律、自尊、自爱都是修身立命、养德成材的法宝。想要成功，连一样都不可少。

自信不等于自傲。自信是意志的展示，自傲则是虚荣的炫耀。自信的人都懂得自强，都能忍受别人忍受不了的痛苦，克服别人克服不了的困难，最后以意志征服道路，永远走在别人的前面。

自信更不同于自负。自负是自己为自己设下的羁绊。自负的人不能正视自己，也不能正视别人，总是生活在自制的哈哈镜里面。

自信就必须面对现实。有条件时不放弃任何条件，但又不依赖任何条件。无条件时靠才智和能力去创造条件。利用条件是聪明的表现，依赖条件是愚蠢的表现。朋友，多一些自信吧，只有这样才有希望攀上人生目标的顶点。

永不抱怨

永不抱怨，抱怨只意味着无能。

抱怨天空，天空不会因为你的抱怨而改变颜色。雨过后澄澈，云来时压顶，有丽日也有风暴，有惊雷也有彩虹。

抱怨大地，大地不会因为你的抱怨就排除艰险。不会走路，山就是猛虎；不会弄舟，河就要拦路。走过一山还有一山，走过一水又迎一水，困难多时总会山重水复。

抱怨别人，只能留下笑柄。

抱怨自己，只能增加负重。

所以，永远不要抱怨，要时刻睁大眼睛。风来时升帆掌舵；雨至时顺水推舟。有阳光就上岸晒网，有星光就赶路夜行。

永不抱怨，就要永不气馁。任何困难都不要畏惧，任何机会都不可放过。追赶希望，就像追赶太阳，看似已经落山，转瞬间又在东方放红。

永不抱怨，要相信再高的山峰总要屈服在人的脚下，再长的道路最终也要被意志踏到尽头。

永不抱怨，让心灵拥有一片宁静，让生命在快乐中奋争，让人生变成一幅永不褪色的风景画……

热爱生活

一粒种子结束了冬眠，

一条鱼儿游过了夏天。

一只鸟儿飞回了鸟巢，

一艘船儿又离开了岸。

这就是生活，千百年来周而复始，一成不变。结束冬眠开始成长，告别夏天迎来秋天，飞鸟回巢还会离去，离开此岸还要寻找彼岸。

生活就是这样，本身只是一种过程，不管它是萧条冷落，还是美丽壮观。像一条河，汩汩流淌，水永远是水，老去的只是时间和岸。一代人在那水上，又一代人还是在那水上，当你蓦然回首，你会感到自己原来已经走出很远。

也有人说，生活更像一块画布，生命是神奇的画笔，人生的追求是它的颜色，有火爆的红，有热烈的黄，也有温馨的蓝。任你用某一种颜色都会描画出风景，不过有的深邃，有的恬淡。

所以，热爱人生必须热爱生活，这是谋求幸福的唯一答案。热爱生活就要把每一个早晨都当成驿站。每一天都从新的起点出发，去迎接新的太阳，去迎接新的挑战。以信念为旗，直到生命的极点。也许你自己无法看到自身的画卷，但你要相信，你所留下的每一串脚印，都会成为这个世界最美丽的花环。

朋 友

朋友就像一棵树，没有朋友，人生就少了一道风景；朋友就像一束花，没有朋友，生活就少了一份温馨。

朋友不是女人的项链，只用来装饰自己；朋友不是廉价的鞋子，穿过了就可以随便扔掉。

朋友是树，你也必须是树，两棵树站在一起，就不会感到生活在这个世界上很孤独。风来一起挡风，雨来一起抗雨，风雨过后，一同在阳光下袒露自己的真诚。

朋友是花，你也应该是花，只有许多花开在一起，春天才会灿烂。当然，如果你甘心做一片绿叶，那会更好，鲜花在绿叶的衬托下，会开得更加娇艳。

真正的朋友像人的指头，握在一起才成拳头。真正的朋友就是一群奔跑的小牛，一起竞赛才有劲头。

朋友是没有血缘的兄弟。既能同甘共苦，又能共享快乐。朋友间最忌讳虚伪和狡诈，朋友间最重要的是信任与真诚。

敞开胸怀去拥抱我们的世界吧，你会发现你已拥有许许多多的朋友。

不幸的女人

在我认识的女人中，母亲算是最不幸的一位了。

母亲姓谭，可叫什么名字我们都没有听说过。她生于旺族，外祖父家曾是南荒地方有名的富户，地有千垧，人以百计。至于宅子，我们都说不太清，听说那一年“胡子”来打响窑，光正房就被烧去了十八间。外祖父是有名的枪手，可没等走上炮台就遭了暗算。经过这一场劫难，这个家便开始衰败下来了。母亲在族中的姊妹中排行第四，姨姨舅舅们都叫她四姐儿。母亲怎样嫁到这山里来我也同样没听人讲起过，不过我想这总与祖父的声望有些关系。

祖父原也是南荒人。祖父的家也是与谭家毗邻的大户，据活着的老人说，地、宅、人都在谭氏以上。可后来族中不和，便闹得四分五裂。这责任可能在于三爷和五爷，这我听大我三十岁的远房三哥说过。

祖父在族中排行十三，分家以后便携妻儿到这山里来了。在钱氏族中我们这一支人稀，祖母只生了父亲一个。

祖父是个能人，年轻时就爱结交四方好友。

祖父是个善人，人送绰号“十三娘娘”，听说在南荒时，年轻的祖父也曾和一班侠士扯旗占草，立志要杀富济贫。可后来他见不得血，于是便开始了另一种为善的生活。

也许正因为这样，母亲在家道中落后才嫁到这山里来。那时山里人少，山上土肥，开片荒地就打粮。在祖父的帮助下，外祖父家很快就恢复了小康。

我说母亲不幸，是在她做媳妇之后。

我们居住的这条沟南连黑山，西接兴安老林，过了黑河便是老蒙古的属地。祖父与蒙古族人也通好。那时蒙古族人每年都通过我们这条沟到朱大坎、碾子山去卖马，我们家便成了这些蒙古族商人的客栈了。

我们家是不雇长工的，地里的活儿由父亲照料，忙不过来时找些短工。家里的活儿则由母亲操持，家里是没人帮衬的。

母亲十六岁结婚，直到病倒从未放下过饭担儿，祖父总有客人，每客必酒，每酒必菜，母亲在世时说，只要有客人来她便是一天半宿别想上炕的。蒙古族人个个都是海量，祖父的酒也海量，那时的酒都是土烧，父亲说祖父高兴时一天喝过三斤。

父亲憨实，但很愚鲁。他天生就是一个不懂得疼爱妻子的丈夫。这事儿不单与祖父有关，我想与曾祖也有关。曾祖在族中排行第六，族中好事自然总是抢不上前的，所以他的孩子都很少读过书。祖父幼时乖巧，是在堂哥的书房外偷识得几个字儿。可到了父亲，境况就不一样了，到了读书的年龄就来了这没有先生的沟里，加之祖父整天在外，于是就把这件人生中最关键的事给耽误了。

父亲是十分孝顺的，他常常在出山时忍饥挨饿，用省下的钱给祖母买点心，也常常背着偏瘫的祖父到五里外的下沟去看大戏，可是就是不知疼爱母亲。听人说母亲年轻时常常挨打，原因大多是母亲在劳累后当父亲的面儿发祖父的牢骚。但是最凶狠的一次，却是因为祖母。

母亲生了我，命运才算迎来转机，那年父亲三十三岁。据说在我之前母亲曾生过七个儿女，只剩下大我七岁的姐姐，其余六个都是不足月就去世了。我想这与母亲终生的劳累和得不到父亲的体贴不会没有关系的。可母亲的好景不长，大概在我四五岁时便发了痨病。在那段日子里父亲好像变成了另一个人，那时山里日子紧巴，他几乎变卖了所有值钱的家当，带母亲四处求医。病自然是没办法治好的，但母亲总算在生命的终极得到了一点安慰。

母亲下世时只有四十二岁。

据姐姐回忆，在女人堆里母亲是最知道体谅丈夫的，同时也是最怕丈夫的一位了。她说好像从未见过母亲在父亲面前发火。我想，这种怯懦的性格也许正是她一生不幸的根源吧。

依依手足情

人生最大的不幸莫过于少年失去双亲。

世间最真挚的情感莫过于手足之情。

这不是哪位哲人的名言，这是我半生来的切身体验。我出生在北方一条默默无闻的山沟里，母亲在我来到世间的第九年就踏雪走上了回归“天国”的路途。她的死对父亲是一个严重的打击，他在她死后的第五个夏天也追到“阎王”的门下去求团聚。

父母下世后留下了三条生命，姐姐大我七岁，弟弟小我五岁。那时我们已经离开山沟来到南荒，父亲的祖居之地。记得父亲辞世的那天是七月初七，清早便有两位不速之客在门前的柳树上鸣叫。老辈人迷信，说那是催命鸦，果真就在那天夜里父亲永久地合上了眼睛。

送走父亲是第二天的中午，当他眠睡在堂伯为他选定的安息之地的时候，那间留下他最后一滴老泪的小土屋里正开着一个亲族协商会。会议的主题自然是十分明了，那便是父亲合眼之前的唯一请求。记得那个中午很闷，堂叔、堂伯、堂舅、舅爷们都闷着头抽烟，那烟味儿很辣，我之前好像从来不曾嗅到过。这种沉闷的气氛一直持续到下午，最后的方案是由二十岁的姐姐议定的。她说大伙儿都不用为难，我们自个儿能过，我的兄弟们还得读书。

那个下午没有眼泪。

后来的日子应该是一部书。

姐姐每天都要到田里去劳动，她要用汗水兑换三个人糊口的粮食。弟弟还小，他如一只孤独的羊羔儿。他常常被人欺负，但很少跟人打架。他的脾气很犟，挨了打也从不肯挪动一下脚窝儿。在这一点上，他很像父亲。我是照例每天到镇子上去上学，却要担起饭担儿和柴担儿。那年月乡下燃薪如米，灶下和灶上同样困乏。夏日里放了学我便推着独轮车去杨木栏，那儿是小屯唯一的柴场。一刀儿一把儿，打出一小车，赶回家时便要月上中天了。每当这时，姐姐总会出来接我，待回到屋里总会有一个玉米馍和一碗菜汤。

那时的日子很苦。

那时的梦却很甜。

一年后姐姐便结婚了。

姐姐天性十分聪颖，据说在山沟里读书时总是排在第一名的。可后来母亲得病，继而下世，她不得不在十三四岁的年龄当了弟弟的保姆。在“爱神”向姐姐贴近的时候，她已无权选择，为了两个弟弟，她只能将自己的少女之身等同于一个带着孩子的寡妇。姐姐的聘礼只有三百元。

姐夫与大家相处得很好,他也是个自幼就失去了母亲的苦命人。一个劳动，一个持家，一个砍柴，那段日子过得还算红火。

后来就有小生命出世。

后来便有亲族挑拨这个不易的家庭。

记得在一个正月，姐夫竟操一条腿凳将我的右额砸破，血流如注，险些送了性命。为这事儿姐姐要和他离婚，不过这没有成为事实。后来我便离开了这个家。在那段日子里姐姐总是很痛苦的。

后来我考进了一家师范学校，姐姐亲手为我做了一套棉衣。那套棉衣我到现在还留着，只要见到它心里便会生出几分暖意。

八年前在我结婚的时候，姐姐曾从乡下赶来。那时她已是四个孩子的妈妈了。她先是抱怨我们没告诉她信儿，后来就歉疚地掏出从别处借来的五元钱。我们都哭了。

那一日我的心里很难受。

现在姐姐已不是从前的境况了，她进了小镇后便成了万元大户。姐夫很能干，姐姐经商精明，我在小城时他们常去看我。

姐姐待我和弟弟如同母亲。我常想，就是到了渴饮黄泉的那一天，我们也是报答不完她的这份情的……

▶名著导读课堂
▶作家故事影像
▶阅读技巧点拨
▶漫游世界名著
扫码获取

哑巴的故事

哑巴的大名叫赵贵。

哑巴是赵家四叔的哥哥。

赵家四叔是整条沟里数得着的人物。当年他是大队长又是公社里的什么委员，在山里只有钢轴车和雪爬犁的年月他就骑上自行车了。那车的样子很怪，前头有个像飞鹰似的车把儿，后边有个很大的长方形货架儿。我曾看见他家的柱儿坐在那车上，那神气劲儿甭提让人多生气了。

四叔的宅子在村子的上头，是个又宽又长的石头院，门也是柴门，可比我们家的大，是用黑漆漆过的，看上去很吓人。四叔的门前有块石条，听说是祖上留在那的，一代又一代人用手摸它、用屁股坐它，到了我记事的时候已经是又光又亮了。石条旁边有棵大榆树，听说也是祖上栽的。不要问它有多粗，就连干上的树洞都可以猫下一个人的。老辈人说，那一年沟外的“胡子”来找娇，哑巴的姑姑就是藏在这个树洞里才免于劫难的。后来她嫁给了一个货郎儿，不想货郎儿竟发了迹，赵家姑娘进城当了阔太太。山里人都说那丫头有福。

夏天里，四婶子常常坐在那块石条上，有时做针线，有时就手托着下巴呆呆地望。四婶算是沟里最漂亮的女人。直直的鼻梁，大大的眼睛，看你的时候像是在笑。见她高兴的时候我们总爱坐在她的跟前听她讲龙王和虾兵的故事。妈妈说她读过书，是四叔当劳模那年从城里带回来的。

四叔房子也是沟里最好的，三间草房又明又亮。我们的窗户上都是用油喷过的窗户纸，而他家的窗户上却是城里才有的玻璃。山里最时兴的是口袋房，哑巴和柱儿住在里间，四叔和四婶住在外间。哑巴是条光棍儿。

哑巴在四叔家里是个忙人。四叔常出门在外，挑水、砍柴、扫院子便都是哑巴的事儿了。哑巴勤快，放下笤帚就是扫帚，四叔院子总是全村里最干净的。哑巴虽然不会说话，可手却巧着呢。他夏天里用秫秸给我们扎的蝈蝈笼子像城里的高楼一样。还有用木头做的小车，拴一根皮条，放到斜坡上竟能自己滑出几十米远。

哑巴是我们的朋友。

冬天里哑巴常带我们捕鸟，不用上山，就在他家的院子里。山里的雪大，鸟儿觅不到食便成群成群地飞到屯子里来，这时便是我们最高兴的日子了。有时哑巴用鲁迅小说里写过的法子，在院子里扫块空地儿撒些谷粒儿，然后用尺把长的木棒支起一只筛子，筛上压块石头，木棒下端再拉一根长线儿，一直扯到院子东边的柴棚里。我和柱儿总是猫在哑巴的身后，待鸟儿到筛下争食，哑巴便一用力，棒倒筛扣，于是就有许多鸟儿被扣住了。有时我们也用另一种办法，在菜窖上面下蚂蚁套儿，但这需要马尾，这个任务总是由我和柱儿完成，有一次柱儿险些被大青马踢死，幸亏爸爸在马棚里。我们捉了鸟儿，活的总要放到四婶的屋子里乱飞，死的就放到炭火盆里烧着吃。每到这时四婶总是很高兴的。

后来哑巴离家出走了。

这是七奶奶到我家说的。她说有一天四叔夜里不在，哑巴竟光着身子穿过四婶的屋子到外面撒尿。四婶当时还没有睡实，见这光景竟发起狠来，下地插上了门闩。正是冬夜，待四叔早上回来，哑巴已在柴草堆中冻得半死了。后来四叔用棉被把他抱进屋来，他醒来便向后山的林子走去，从此再没回来。为这事儿四叔打了四婶，以后我再见到她时，四婶脸上再无旧日的光彩了。

小小书迷

——爸爸，爸爸，周日去北京书店好吗？

——北京书店？

——是啊，我们同学说了，进平阳向右拐，第二路口有两家商店，下去就是……

——好了，好了，去就行了吧？

爸爸有些不耐烦，小小书迷歪着头，仰着脸，进了家门还一直没放下书包呢。

——爸爸，这是什么路？

——北安路。

——噢，北安路，太好了。

——好什么呢？

——我们同学说了，这儿也有一家书店，还是专卖儿童读物的呢，你领我去吧？！

爸爸满心不愿意，可有什么办法呢？走在大街上，那奶气的声音还那么甜。他看看坐在车架上的小小书迷，嘿，正扬扬得意，满心欢喜呢。

——爸爸，爸爸，我又发现一个书亭。

——什么书亭？

——卖好书的啊！

——好书？

——对啊，就是你喜欢的。

——我不信。

——不信？你问妈妈，就在交通银行附近，对吧？

妈妈当然要说对的。真是一只又天真又狡猾的小狐狸。

——爸爸，爸爸，你去问问有没有《超人》。

——你自己去问吗！

——我不敢，你去吧！

书店里，小小书迷央求着爸爸。

爸爸挤到柜台前，小小书迷焦急地等在人群后面。

——没有。

——没有？

小小书迷非常失望，恋恋地盯着书架和柜台。

——我们同学都买到了，不会没有的啊？再不，是别的书店？

小小书迷等待爸爸回答。

——我们找找看吧！

小小书迷紧牵着爸爸的手。一家，又一家。

——爸爸，《超人》！

整个屋子都被小小书迷的惊喜惊呆了。一道道异样的目光如水，从爸爸的头上一直流到独生子的脚下。

——多少钱？

——六块。

——六块?

爸爸心疼地掏着口袋，那可是他两天的“汗水”啊。小小书迷还不知道顾及这些，他站在柜台前面，将书翻开，早把身边的爸爸给忘了。

小小书迷是谁?他叫蟒儿，今年七岁，是我的儿子，正在树勋小学上二年级呢。他还有许多故事，比如爱搂着画册睡觉，和书中的小主人对话……他不让我讲，所以，就只能写到这了。

另一种愧疚

进了庚午马年，儿子就快八周岁了，再过几个月，就该上小学三年级了。可不知为什么，在我的感觉中他似乎变得愈来愈小，反倒使我这一向寡情的父亲时时地牵挂起来了。

儿子初来尘世的时候，我们和岳母住在同一个院子里。老人家虽然将半世年华都交付给七个儿女，可对这隔辈外孙依然爱如掌上明珠。未出世的时候，就备了衣啊袄啊，还有一床精制的红被。出了世，孩子的冷啊暖啊，大人饥啊饱啊，自然全由她一人包了。我虽也曾在妻子的催促下洗过几次尿布，可心里极不情愿，甚至为此以及妻子的淡漠而恼恨起这孩子来。

后来儿子渐渐地大了，确乎以他的聪颖讨去我几分喜欢。但在今天看来，那亦是微不足道。那时正热衷于诗坛争名，日里除了应酬官事，便是眼巴巴地盼编辑部的来信，夜里撇妻舍子独自到办公室里苦吟。偶得有新作问世，则欣喜若狂，若连收退稿，则要冲儿子撒气了。

关心起儿子，是在进入而立之年以后，那时妻子在北京，我在省城，儿子留在县城，虽然知道有岳父母照料，但心里总是放他不下，身寒则忧其衣，腹饥则思其食。每每得时便登车回往，只要能看他几眼，在他睡后亲上几下，苦也心甘，累也情愿。

接他入城，全家借居在一家旅馆，距儿子的学校只有里许路程。出则要送，归则要接。逢问便答：刚来不识路；或答：路上车太多。其实，心里十分明白，这只不过是一个借口而已，真正的原因则在于不这样心里不能释然。因为攥到他温热的小手，可以使你荣辱皆忘，看到他蹦跳的背影，可以使你得到为父的欢欣。每到这时，我便会想到自己的不孝。当年为人子时，父亲岂不也是这般地温纯？可那时却总记得那打在屁股上的巴掌，那扫我玩兴的巴掌，那教我读书的巴掌。父亲，我是多么的无知啊！

如今，父在黄泉，我站在父亲的位置上面对儿子，无论对老对小都有一种愧疚，我真心地企望着他们的原谅。

我不是一个好父亲

记得《三字经》上说："养不教，父之过。"在这一点上，家父在时是一向恪职尽责的。如我等稍有不尊，他的巴掌是从不容情的，那时我就想，为父当严，但何以这么凶呢？我若是当了父亲绝不会像他这样的。可后来自己真的当了父亲还是学了父亲，因为人一旦站到另一个位置上，他的观念也注定要随之改变的。

儿子小的时候，我确实恪守过童年时立下的诺言。那时我们住在一个小镇上，宅边有一条小河，河边是一片草地，我时常带儿子在那儿蹒跚学步，亦在那儿教他牙牙学语。但是，这美好的印痕后来被淡淡的隐忧覆没，这隐忧就起自于我这为父者的另一种责任。

那是进城以后，儿子进了颇负盛名的树勋小学。那个夏天他很争气，一个在小镇一年级没学过标点符号，刚入校时险些被班主任退掉的小不点儿，不单学会了作文，且在全国"少年杯"儿童诗大赛中获了奖。老师高兴，校长高兴，我这个当爸爸的自然更高兴。可后来这孩子却一反常态，上课眼睛直直的却不是在听课，作业也不能认真完成。老师言与我们，夫妻大惊。问之，先是不语，继而饮泣。再问，伴泪而言：想回老家，想外婆，想那条小河，想那片草地，想那些一起抓蝈蝈逮蚂蚱的小朋友。我听了，气愤不过，便重蹈覆辙，以掌罚之，违了初衷。

这之后的日子，家里好长时间失去了喜悦，与我相伴的是父责引起的担忧。与他相伴的是写不完的字，做不完的题。别说，这祖宗传下的招法还真管用，那一学期他果真考了好成绩。为了助子成龙，寒假的时候，我给他做了份计划，每日背一课书，做十页题，记一篇日记。同时，还要写诗、念英语。开始的几日，白天里把他一个人锁在家里学得还算起劲儿，可后来就渐渐地学不下了。我在午间回家时曾登窗偷窥，发现他像困鼠一样在地上窜来窜去，书在桌上，笔在床上，满纸上画的全是和玩有关的想象。当下甚为不悦，进屋便训了他。不想，这一训竟使他病了。不日，亲戚从家乡来，将他带走，当我们春节见面时又白白胖胖的了。

现在想来，我恪尽父责是对，但这强硬和武断大抵是错了。就像当年我怨恨父亲一样，他在心里也一定会怨恨我的。记得我友文辉说过“城里孩子无童年”。孩子远离自然即一种不幸，我们做父母的再无限量地要求，将童心扼死，将天真泯灭，这不是太残酷了吗？所以，在这篇文章里我真心地请求儿子原谅，也愿天下所有的父母都能将孩子的自由归还给他们。

我与儿子

母子情深，古今公论。

我原也这样认为，可现在自己做了父亲，细想起来，这公理似乎有点不公。母子情深，父子又何尝不是？别人我不知道，对自己我是清楚的。抛开事业不论，在个人生活中，儿子确实是我精神的支柱，是我生命的太阳，离开他，我内心的宇宙就感到寂寞和空虚。所以，在这远离他的地方，当我一人静坐桌前，或者躺在床上，首先想到的就是他。或是柔声细语，或是滚打戏闹，音容举止，历历在目。每至于此，我的心便似乎有了寄托，像空旷的池塘飘进几朵云，单调的草坪绽开几朵花。看到这里，也许有人会笑我自作多情，可既然有情，也不好憋在心里，那样说不定会让人生病呢。

我真不知此刻儿子在干什么，若是我不离开他，这正该是去公园的时候了。夏日里天好，每吃过晚饭，他都要拉我到公园去走走。这是小镇唯一的风景区，离我的宅子不远，周围是一圈高龄的榆柳，间或有几株白杨，像鹤立鸡群翘首眺望。园内有一个湖，不大，水很深，由于常年“沉睡”，水面已变成绿色。有时我和儿子来这儿钓鱼，也“钓故事”，像鱼那么新鲜。儿子是听不够的，直到钓不上来为止。即使这样，他也不会善罢甘休，蹲在水边用网兜捞月，一场空也不要紧，他得到了欢愉，我洗去了疲乏。

湖的南侧，有一片空地。有秋千，有滑梯，有旋转的马、鹿、白兔和公鸡。这里才是儿子最感兴趣的地方，骑在马上，或者骑在鹿上，有时也爬上滑梯，真有上天揽月的气派呢……

我爱儿子，倒不仅仅为此，更主要的是他复活了我的童心。也许正因为他，才有那么多灵感天天环绕着我，那么多激情时刻冲撞着我。我说这些，也许别人不会相信，可我信，因为在孩子的眼睛里，世界是他们的。他说太阳是苹果，黑天时被他装进了盒子，早晨又放在天边；他说画上的柿子可以吃，一半给我，一半留给妈妈。这不是诗吗？童年时我也会这么幻想，可长成大人后，这一套就忘却了。如今他又教会了我，从这一点上说，儿子不是我的老师吗？

我爱儿子，也爱所有的孩子。因为希望属于他们，未来属于他们，他们才是未来世界的真正主人。

儿子的“军火”库

儿子的“军火”库是姥姥的炕柜。

姥姥的炕柜并不老。姥姥是个苦命人，劳碌了一辈子没攒下什么家当，到了晚年境况好了，才算盼来了这么一只喜欢一辈子的炕柜。柜子的样式也不新颖，属于20世纪60、70年代乡下流行的那一类，长条儿的立体，对开的玻璃门儿。柜上面有一个高它一倍的玻璃门儿木头架，是摞被用的，人们叫它被格儿。

姥姥视这柜子如宝，不要说天天擦得溜明锃亮，就是孙男孙女来了碰它一下也绝对不成。但这事儿唯独我的儿子例外，儿子和姥姥有着特殊的感情。

我成家的时候是个穷光蛋，在集体宿舍里度完了蜜月就搬进了岳母的小里屋。后来虽然自己立了锅灶儿，可还是住在一个小院中。妻子在妇道堆里该算是一个事业型女子，工作上的事儿样样都行，家里的事儿却样样都松。这样，儿子一落地便落进岳母的怀中。儿子已经七岁，在这七年里，大多的日子是搂着姥姥的脖子入梦的。

儿子三岁开始收集“军火”。记得第一件是一位朋友为他买的塑料坦克。那时他玩够了就拆，拆完了就扔。为这，姥姥总是生气，可气完了还得帮他收起来装进“仓库”，以备第二天再拆再扔。后来儿子便不再满足这种拆装游戏，他看了电视，他要飞机，要手枪，要望远镜。要了自然就会有的，这时姥姥的柜子便真正成了他的“军火”仓库了。儿子天性聪明，但不属于做什么事情都很精细的那一类，粗枝大叶，马马虎虎。说心里话，在这一点上倒十分像我。这样，“军火”多了，库里满了，姥姥便成他的义务守库员了。

儿子在这些“武器”中最喜欢的是手枪，他常常戴上大檐帽，穿上军官服，选支称心的枪别在腰间去充当黑猫警长。他的目标很多，有时是姥爷，有时是姥姥，有时也把子弹射到我的头上。他开了枪你得必须倒下，不然他就会扑上来的。他做这种游戏的时候大多是在四五岁，现在说起来他自己也感到好笑。

儿子现在已是小学一年级的学生了，听岳母说，我和妻子离开小城后他学习很用功，但是他对那些“军火”还是十分喜欢的，闲暇的时候还常常打开库门看看。我想这可能是他生活中不可缺少的一部分吧，就像我每天都要翻翻书。我想象不出将来我们三口人结束天各一方的生活以后会怎样，也许他还会常常回想起那留在姥姥家的“军火”库。

梦断长城

——给蟒儿

——爸爸，我们什么时候去长城？

——明天。

——爸爸，我们什么时候去长城？

——明年。

——爸爸，你为什么说话不算数呢？

——……

爸爸没法回答你。爸爸像你一样年纪的时候也曾听到过长城这个名字，那是在爸爸的爸爸讲的那个孟姜女的故事里。那时爸爸是一个像你一样天真的山里孩子，爸爸总是想，什么时候才能到长城走一遭呢？看看孟姜女的泪痕还在不在，看看长城是不是拐了九千九百九十九道弯儿。爸爸也曾像你一样缠着自己的爸爸带他去，可是爸爸叹口气摇摇头对他的山里儿子说，那地方很远，要骑马走上一年呢！爸爸失望了，再也不敢去想那想也想不到头儿的长城。

后来爸爸的爸爸将爸爸带到了山外。那是在爸爸的母亲去世之后，他不忍让自己的孩子永远困在那没有文化的山里，他要送他上学，送他去见识长城，去见识比长城更为辽阔的世界。爸爸真的见到了，在爸爸走进中学后第二年的那本白皮历史教科书里。老师说，长城是古代文明的见证，是中华民族的象征……爸爸的眼睛都听直了。这就是那个古老故事中的长城吗？当这一切得到证实之后，爸爸的梦想又一次张开翅膀，他想他有一天一定要去见识长城。

可这个小小的愿望并没有实现，直到今天它仍是爸爸的愿望。爸爸的爸爸没有等到自己的儿子把书念完就将生命过早地归还给了大地。他在合眼之前拉着儿子的手说，好好念书，念好了书才会有出息。爸爸没敢忘记他老人家的教导，爸爸就是在书中找到这列将我们拉进长城的火车的。

爸爸知道你现在的心里很难过，爸爸的心里也同样很难过。爸爸不是懦夫，他是北方的儿子，他不会因怕累或其他原因就在许诺的第二天改变初衷。他是看你突然病倒恐难经得起长城飙风的吹打，他是心疼自己的儿子而放弃了盼望已久的机会啊！妈妈昨晚守你一夜，听你梦中要登长城的呓语，我们是又难过又高兴。你那日自个儿爬上香山，当我们为“鬼见愁”而后怕的时候，你竟站在崖畔远眺。那是怎样的风采，多少人为你这北方小汉子的气概折服？昨日里你又受了妈妈那班朋友“不到长城非好汉”的建议，你说你也要当一条好汉。你知道我们当时的心里是多么高兴？我想这才像北方的后代，这才是北方的性格。可是现在不行，今日你的身体不好，明日我们的行期将尽，爸爸只能答应你明年再来。

蟒儿，你不必为阿姨的笑谈忧虑，你虽然只有六岁，但已经够得上一条好汉了。你这股永不服输的牛劲是北方特有的赠予，但愿你永不丢失。

山大花园的寂寞

“山大”走了。

山大和院子里那群燕子一起飞到南方去过冬。山大花园一下子寂静下来，就连每天早上来这里和鸡争食的喜鹊、山楂鸟也不来了。只有那几只母鸡时不时地咯嗒嗒叫上两声，告诉你“我又下蛋啦，我又下蛋啦”。太阳已经老高，早霜眨眼间就没了影迹，要不是秋风突来，树叶活跃起来，整个花园一点动静都没有。山大爷爷先是站在窗前盯着花园里的树，看不到鸟来就下楼来到院子里，在山大的滑梯那儿站会，用手摸摸栏杆，冰冷冷的，早已没了山大的体温。之后就走进花园，坐在他经常和山大一起坐的小木凳上，凳子湿漉漉的，霜刚化，水汽还没有蒸发。一只花栗鼠从树下的落叶中钻出来，惊恐地转着小眼睛，查看周边有什么动静，然后就在树叶上打滚跳跃，好像山大早晨醒来和爸爸妈妈在床上一起滚打嬉闹。可当它意识到山大爷爷坐在那儿的时候，嗖的一下跑了，花园又重归寂静。

山大花园其实算不上什么花园，就是山大爷爷院子前面的一片小树林。这里原来连一棵树都没有，山大爷爷住进这座院子的时候，这里是一片坑洼不平的空地，空地前面是一条小河，小河小到晴天几乎没水，只有下雨的时候才能听到哗啦啦的水流声。山大爷爷从小生活在黑龙江、吉林、内蒙古交界的地方，那里是兴安岭和松嫩平原交会的丘陵，山山岭岭到处是树，树伴他从小到大。现在这个地方连一棵树都没有怎么行呢？于是，他找来一个做绿化的朋友，从山里拉土平整土地，再从山里挖树在院外造林。历时三年，从山里移出几百棵大小树木，在小河边上造出一片人工森林。有树就会有鸟，有鸟就有了生气。山大爷爷天天就在院子里转在林子里转，废寝忘食，没人招呼从来想不起回屋。

癸巳蛇年，正月初一，山大在美国洛杉矶出生。山大爷爷那个高兴啊，他当时正和山大奶奶在海南过年。听到大洋彼岸传来的喜讯，乐得合不拢嘴。电视不看了，活也不干了。眼对着眼傻笑，笑到没有声音，笑到老泪开花。翻箱找钱，包了无数个红包，从初一到初五，逢人就发。假日结束，老两口打“飞的”回家。天天就是盼啊，盼山大快点满月，满月好飞回来祖孙团聚。天渐渐变暖，过了立春就是惊蛰。惊蛰那天，不但听到雷声还下了开春第一场雨。山大爷爷冒雨来到林子里，享受春雨洗脸的奇妙感觉。走着走着，就想，孙子快回来了，拿什么做见面礼呢？嗨，有了。就拿这片林子吧，把它建成一座花园，就叫山大花园。于是，就开始修建甬道，补种花草，还在局部树下铺上防腐木地板，打上木桌木凳，供山大玩耍。历时三月，便有了这座山大花园。

六月，山大花园终于迎来了它的主人——亚历山大，一个纯粹的中国宝贝。山大爷爷迫不及待把山大抱进林子里，让那里的每一棵树、每一株草、每一朵花、每一只鸟来认识它们的主人。山大仿佛知道这是他的领地，小手抓挠着，小脚蹬踏着，小眼睛转动着，没有一点陌生感，更没有一点不安，还送给爷爷一个甜美的笑。山大渐渐地长大，山大渐渐得更加喜欢这个园子。夏日里骄阳似火，山大奶奶、山大姥姥、山大妈妈每天都要抱山大到林子里乘凉。阳光偶尔从树叶间洒下来，照在山大脸上，一跳一跳，山大就高兴得手舞足蹈。正午或过午的时候，蝉吱吱叫个不停，山大就安安静静听这天籁之声。然后就闭上眼睛去做他的美梦。

一晃，夏天就过去了。天渐渐地凉起来，山大妈妈就张罗着回北京，又张罗去重庆。北京是山大在中国的家，重庆是山大姥姥的家，那里都比长春暖和，更适合山大过冬。山大爷爷在林子里转啊转啊，他多希望这片林子变成一片热带雨林，那样山大就不会走了。可想归想啊，秋风告诉他，让孩子走吧，明年夏天还会回来啊！还是秋风说得对，山大爷爷释然了。从那个秋天开始，山大总是先北京后重庆再海南，然后再北京再长春，回到山大花园来过夏天。第二年回来的时候，山大已经可以满地跑了，而且可以进行简单的肢体和语言交流。山大花园也变了模样，树更高了，品种也更多了。开花的树，结果的树到处都是。特别是那棵大梨树，不仅高大帅气，结的山梨还特别多特别甜。更有意思的是山大爷爷还在林子里养了一群鸡。鸡雀同食，鸡鼠也同食，花栗鼠、灰老鼠、小田鼠都来偷食，花园着实热闹非凡。此前，山大从未见过真正的鸡，当然也不会知道鸡会下蛋。当他第一次见到鸡的时候十分兴奋，跃跃欲试去抓，鸡也很有意思，先是跑开，后来竟不再躲避，视山大为同类，任他用小手去摸。最有意思是山大去鸡窝里捡蛋，先是猫下腰向鸡窝里看，然后用小手指着鸡窝喊："蛋、蛋，"然后趴下，爬到鸡窝前，再撅起小屁股，把头和手一起伸进鸡窝里，拿到鸡蛋那个兴奋啊，鼻子跟眼睛都挤到了一起。山大还愿意在花园里捉蚂蚁。先是用手，姥爷说不行，蚂蚁会咬你的。他就找一个小树棍，用树棍去捅，蚂蚁顺着树棍爬上来，他就吓得把树棍扔掉。当他发现蚂蚁不咬他的时候，又大起胆子用手去抓。神情专注，一玩就是好半天。

冬天的花园是白雪的世界。山大爷爷常常在雪后到园子里来踏雪。鞋子踩在雪地上咯吱咯吱地响，山大爷爷就想，山大现在在干什么呢？是去海边了吗？是在玩沙子吗？玩沙子怎么能赶上堆雪人，明年秋天一定不让他走，让他在老家过冬，让他认识雪，让他在花园里堆雪人，和爷爷一起打雪仗。想着想着，他就走回了自己的童年。在他的老家，那个三省交界的地方，院子里是一米多深的雪，草房里他的爷爷坐在火炕上，炕上放一张小饭桌，桌边有一个炭火盆，火盆里烫着一壶酒。爷爷喝得满头大汗，喊："宝贝，来，陪爷爷聊会天。"他飞快地跑开。爷爷再喊，他再跑。爷爷不高兴了，说："再跑，爷爷就不要你了。"他马上跑回来，坐在爷爷身边，爷爷高兴了，夸说"我孙子真行"，从腰间掏出一把零钱，"给，买糖去"。他还在想，想的不再是他，是山大，是他的孙子，那个幸福啊。嘭，头撞到了树上，树上的雪落下来，砸他一头，一脸，一身。他醒过来，苦笑一下，叹说，看来真的老了。这时候山大奶奶出来叫他吃饭，他很不情愿地回到屋里。晚上，他做了一个很长的梦。梦见山大从海南回来，站在床前喊爷爷，他睁开眼睛，山大又不见了，闭上眼睛，山大又来了。他就想，这小子会和爷爷捉迷藏了，好，看我抓到你怎么收拾你，咬你脸蛋，打你屁屁。山大真的跑了，他就去追，追到楼下，追进院子，追到花园，还是追不到山大。就听山大奶奶喊，山大，山大，孩子呢，是不是跑丢了？他吓出一身冷汗。睁开眼睛看看老伴，还在身边，掐掐大腿，知道自己是在做梦。太阳已经出来了，照在窗子上暖暖的。他起身挪到躺椅上，又开始迷迷糊糊。他看到花园里的梨树已经开花，在早晨的阳光下银光闪闪。他想，梨花开了，燕子就飞回来了。燕子飞回来了，山大就回来了，山大回来了，山大花园就又开始热闹了。越想越高兴，咯咯地乐出声来。老伴走过来，听他闭眼傻笑，问他怎么了？他说："梨花开了，山大要回来了。"老伴说："你疯了？你看那是梨花吗？那是树挂。你是着魔了吧……"

山大爷爷从小木凳上站起来，狗在院子里汪汪叫。又一阵秋风，树叶又一片片地飘落，地上一片金黄。他走进院子，走到犬舍跟前，摸摸它们的头，几条狗一起安静下来，眼巴巴地望着他。十分温顺，十分可人。它们好像说，没事，还有我们呢，我们可以陪你度过这个秋天，再度过冬天。他很感动，他突然觉得，那不是几条狗，那都是他的孙子，是那个南腔北调的亚历山大。再看看山大花园，日上林梢，树上不知什么时候来了两只鸟。

山大爷爷是我。山大是我孙子。他的中文名字是，钱禹臣。

小樱·史瓜普的传奇夏天

2010年这个元旦，是我有生以来过得最惬意、最难忘的一个假期。我从冰天雪地的北国飞到鲜花盛开的海南，躺在三亚湾的海滩上看碧水蓝天、看波飞浪卷、看书。而且，还认识了一位漂亮聪颖执着沉稳的女孩，她的名字叫小樱·史瓜普。

小樱不是中国人，她出生在加拿大不列颠哥伦比亚省的柯尔港。这是一个海滨小镇，全镇上的人都靠捕鲸和打鱼为生。六月的一天，小樱的爸爸被台风和暴雨困在海上，小樱的妈妈焦急万分，她把小樱交给邻居90岁的波菲迪小姐，驾着一艘小帆船去营救丈夫。此后，小樱便寄养在波菲迪小姐家里。小镇上的人们都认为小樱的父母无法生还，可小樱不信，她用《圣经·约拿书》里乔纳的故事鼓励自己。她对波菲迪小姐说："对我而言，它（乔纳的故事）是说人的心中要充满希望。我很确定我的父母如果没有被鲸鱼吃下肚的话，现在一定在担心我过得好不好，而且急着回家找我！"可是两个月后，小樱的父母没有任何音讯，而且作为寄养费的他们银行里的存款已所剩无几。在这种情况下，好心的镇民找到小樱的舅舅杰克·狄恩先生，他原本在加拿大另一端的新斯利舍省哈里法克斯市的海军服役。上帝慈悲，他不久竟调防来到了柯尔港的海军基地。从此，小樱便和舅舅生活在一起。舅舅为了照顾她，在部队又一次调防时毅然辞掉了海军的职务，留在小镇做棒球教练兼做房地产生意。

九月底雨季开始，小樱每天都冒雨跑到码头上去等父母回来，可她没有等到父母，却在警长彼得斯的办公室里看到母亲走时穿的那件黄色雨衣。警长是想让她相信妈妈已经死了，可她却异常兴奋，异常喜悦，她对警长说：“你曾经对一些与证据相反的事深信不疑过吗？”警长皱着眉头思考了好一阵子，最后点头示意，有过。之后，发生了两件不幸的事情，一是在小樱帮舅舅卖房子的时候，被汽车轧去一个小脚趾，住进了医院。二是出院不久，在码头捞鱼的时候失掉一段小手指。这两件事虽然都是因小樱想念父母失神所致，却和舅舅的照顾不周有关。爱管闲事的哈妮卡小姐（小樱学校的辅导员）把杰克告上法庭，于是他失去了对小樱的监护权。而小樱也不得不离开舅舅，被寄养到另一座城市——纳奈莫市没儿没女的伯特夫妇家里。这段日子里，杰克一直与“儿童保护服务协会”的人周旋，想讨回对外甥女的监护权。而小樱在异乡也思念舅舅，同时更加坚信困在海上的父母一定能够回来。

在柯尔港小镇上，包泽小姐是小樱的朋友，她是一个外表冷漠但内心火热的女人，她老大年纪却没有结婚，但内心中却对恩恩爱爱的美满婚姻充满渴望。她和小樱有过一段对话。她说：“你妈妈是因为爱你爸爸才会不顾暴风雨去找他，这才是真爱，是非常难能可贵的。这个镇上的大部分小孩都没有健全的家庭。看看你的周围，他们的父母不是一个死了一个活着；就是两个都活着但离婚了，谁也不跟谁说话；再不然就是一个妈妈和一个夜莺型的爸爸，爸爸唱完一首优美的歌之后就无声无息地消失了。至于那些父母都在的，又有几个妻子能抛下一切，穿上雨衣，到黑暗可怕的暴风雨中追寻她的丈夫？这真让我感动得想哭啊！”她开了一家叫“红秋千上的女孩”餐馆，会做拿手的松饼。她总是在小樱无助的时候给她帮助，“红秋千上的女孩”便成了小樱的避风港。一天，小樱、伯特夫妇、杰克舅舅正在餐馆里用餐，杰克开发的别墅却着起火来，杰克冲进火海救出了曾经让自己失去小樱监护权的哈妮卡小姐，而他却受伤住进了医院，还摊上了官司。有人怀疑火灾是杰克开发时偷工减料所致，如果这是事实，杰克将面临坐牢，这让小樱和她的朋友们十分担心。在这期间，曾经照顾过小樱的波菲迪小姐离开了人世，这在感情上对小樱又是一次沉重的打击。

小樱的故事到这里并没有结束，但我却不得不结束假期离开海滩。海南的冬天让人留恋，三亚湾海滩上的餐馆更让人留恋。在那里我虽没吃到小樱在“红秋千上的女孩”吃到的松饼和牛排，但露天烤鱼、烤蟹也绝不会比柯尔港的小吃差。由于北京大雪，机场关闭，我不得不取道长沙飞回长春。取道长沙的飞机也不顺利，先是在三亚机场说飞机未到，不能按点登机，后又说飞机故障维修后再登机，一推再推，从上午十点等到夜里十点才进到机舱里。两个小时飞到长沙，带着行李下飞机等待，再次维修，依然不行，再两个小时后转登另一架飞往长春的客机。天空中的夜晚是寒冷的，旅伴们都在抱怨，唯有我顾自地捧着一本书看，关切着小樱的命运，关切着她父母的命运，关切着她这个不平凡的夏天。书上说，转眼间就到了加拿大的圣诞节，杰克出院了，小樱陪他到海边散步。他很兴奋，他说电工已经向警长坦白，别墅起火是因他偷剪电线所致。杰克清白了，小樱从内心为舅舅高兴。他们养的小狗麦洛玛跟在后面，它也似听懂了杰克的话，兴奋得又蹦又跳。这时，有一艘船轰隆隆地驶返，甲板上的人兴奋地望着岸上，小樱认出了他们，那是她的父母。

这是一个动人的亲情故事，被美国人波莉·霍维斯写在《松饼屋的异想世界》里。小樱·史瓜普就是这部小说的主人公。这部小说出版后在全美引起了强烈反响，成为美国图书馆协会推荐的童书，并获纽伯瑞儿童文学银奖、美国家长精选奖小说金奖等多项大奖。我读的是中文版，是台湾人闻若婷女士翻译、贵州人民出版社出版、《妙笔》编辑王红蕾小姐送给我的。今夜我坐在飘洒着雪花的窗前把它推荐给你们，希望你们喜欢。

爱阅读
学生精读版
★★★★★

课本里的作家

序号	作家	作品	年级
1	金　波	金波经典美文：第一辑 树与喜鹊	一年级
2	金　波	金波经典美文：第二辑 阳光	
3	金　波	金波经典美文：第三辑 雨点儿	
4	夏辇生	雷宝宝敲天鼓	
5	夏辇生	妈妈，我爱您	
6	叶圣陶	小小的船	
7	张秋生	来自大自然的歌	
8	薛卫民	有鸟窝的树	
9	樊发稼	说话	
10	圣　野	太阳公公，你早！	
11	程宏明	比尾巴	
12	柯　岩	春天的消息	
13	窦　植	香水姑娘	
14	胡木仁	会走的鸟窝	
15	胡木仁	小鸟的家	
16	胡木仁	绿色娃娃	
17	金　波	金波经典童话：沙滩上的童话	二年级
18	金　波	金波经典美文：一起长大的玩具	
19	高洪波	高洪波诗歌：彩色的梦	
20	冰　波	孤独的小螃蟹	
21	冰　波	企鹅寄冰·大象的耳朵	
22	张秋生	妈妈睡了·称赞	
23	孙幼军	小柳树和小枣树	
24	滕毓旭	神秘隐身人	
25	吴　然	吴然精选集：五彩路	三年级
26	叶圣陶	荷花·爬山虎的脚	
27	张秋生	铺满金色巴掌的水泥道	
28	王一梅	书本里的蚂蚁	
29	张继楼	童年七彩水墨画	
30	张之路	影子	

序号	作家	作品	年级
31	周　锐	慢性子裁缝和急性子顾客	三年级
32	张晓楠	一支铅笔的梦想	
33	洪汛涛	神笔马良·鸡与鹤	
34	曹文轩	曹文轩经典小说：芦花鞋	四年级
35	高洪波	高洪波精选集：陀螺	
36	吴　然	吴然精选集：珍珠雨	
37	叶君健	海的女儿	
38	茅　盾	天窗	
39	梁晓声	慈母情深	五年级
40	陈慧瑛	美丽的足迹	
41	丰子恺	沙坪小屋的鹅	
42	郭沫若	向着乐园前进	
43	叶文玲	我的“长生果”	
44	金　波	金波诗歌：我们去看海	六年级
45	肖复兴	肖复兴精选集：阳光的两种用法	
46	臧克家	有的人——臧克家诗歌精粹	
47	梁　衡	遥远的美丽	
48	钱万成	我从山中来	
49	臧克家	说和做——臧克家散文精粹	七年级
50	郭沫若	炉中煤·太阳礼赞	
51	刘慈欣	带上她的眼睛	
52	魏　巍	谁是最可爱的人	
53	贺敬之	回延安	八年级
54	刘成章	刘成章散文集：安塞腰鼓	
55	叶圣陶	苏州园林	
56	茅　盾	白杨礼赞	
57	严文井	永久的生命	
58	吴伯箫	吴伯箫散文选：记一辆纺车	
59	梁　衡	母亲石	
60	汪曾祺	昆明的雨	
61	曹文轩	曹文轩经典小说：孤独之旅	九年级
62	艾　青	我爱这土地	
63	卞之琳	断章	
64	梁实秋	记梁任公先生的一次演讲	高中
65	艾　青	大堰河——我的保姆	
66	郭沫若	立在地球边上放号	